Unterrichtsvorschläge
und Kopiervorlagen

Johann Wolfgang Goethe

Die Leiden des jungen Werthers

Ute Fenske

Cornelsen

Inhalt

Konzeption und Aufbau

Die *Leiden des jungen Werthers* galten bereits bei den Zeitgenossen Goethes als Bestseller. Im Deutschunterricht zählt der Roman schon lange zu den beliebtesten Unterrichtsgegenständen. Den heutigen Schülergenerationen dieses Werk nahezubringen ist vor allem wegen des fremd wirkenden Sprachstils nicht einfach und erfordert besondere Sorgfalt im Hinblick auf Zugang und Methoden.

Die Leiden des jungen Werthers liegen in der LiteraMedia-Reihe in der 1. Fassung von 1774 vor; wobei der BasisBibliothek-Band (im Folgenden „Textbuch" genannt) neben dem Text umfangreiche Wort- und Sacherklärungen (Textbuch, S. 216–221) sowie ausführliche Kommentare (Textbuch, S. 153–207) und Material über die Entstehungsgeschichte und die Unterschiede zwischen den beiden Fassungen des Briefromans enthält.

Die Unterrichtsvorschläge und Kopiervorlagen geben Hinweise zum Umgang mit diesem umfangreichen Material im Unterricht. Die Vorschläge können sowohl einzeln als auch aufeinanderfolgend behandelt werden, wobei ihre Anordnung eine mögliche, aber nicht notwendige Reihenfolge darstellt. Sie sind so angelegt, dass auch ein einzelnes Arbeitsblatt herausgegriffen und behandelt werden kann. Die linke Seite enthält jeweils eine kurze Einführung in den Themenbereich einer Kopiervorlage. Zu den einzelnen Aufgaben werden didaktische und methodische Hinweise gegeben. Außerdem werden Vorschläge für weitere Untersuchungsaspekte oder alternatives methodisches Vorgehen unterbreitet.

Die Lektüre des ganzen Romans wird für alle Unterrichtseinheiten vorausgesetzt. Es empfiehlt sich jedoch, je nach Lerngruppe und gewählter Unterrichtseinheit, die Lektüre der Schülerinnen und Schüler durch Leitfragen zu lenken.

Als Einstieg in den Roman wurde die Beschäftigung mit den Hauptpersonen gewählt. Goethes Roman *Die Leiden des jungen Werthers* wurde nicht zuletzt deshalb ein so großer Erfolg, weil sich seine Leser/innen in die Hauptpersonen hineinversetzten.
Die Handlung des Romans entfaltet sich an der Problematik um die Beziehung Werthers zu Lotte und Albert. Die Unterrichtseinheiten „Natur und Kunst", „Kritik an der Gesellschaft" und „Selbsterfahrung und Scheitern" stellen jeweils eines der Hauptthemen des Romans in den Vordergrund.
Eine weitere Unterrichtseinheit geht auf die Gestaltung des Romans ein und die letzte beschäftigt sich mit der Rezeptions- und Wirkungsgeschichte von Goethes Roman sowohl bei seinen Zeitgenossen als auch heute. Vorschläge für Projekte und Klassenarbeiten sowie einige Zusatzmaterialien schließen die Unterrichtsvorschläge und Kopiervorlagen zum *Werther* ab.

In methodischer Hinsicht werden sowohl analytische als auch produktionsorientierte Verfahren angewandt.

Die Leiden des jungen Werthers – eine Dreiecksgeschichte?

Die Beschreibung der Beziehungen zwischen Werther, Lotte und Albert stellte für den Roman in der Zeit Goethes etwas völlig Ungewöhnliches und Neues dar. Die Darstellung von Leidenschaften und Gefühlen existierte bis dahin nur in der *Nouvelle Héloïse* von Rousseau. Bei Werther jedoch findet diese Leidenschaft zum einen außerhalb der Ehe statt, zum anderen endet seine Liebe tragisch, obwohl Tragik bis zu diesem Roman der Gattung Drama vorbehalten war. Außerdem werden erstmals die Gefühle eines Mannes ausführlich dargestellt.

▶ **1** Der Kupferstich dient als Impuls für die Beschäftigung mit der Figurenkonstellation.
Lotte und Albert sitzen, während Werther vor ihnen steht. Werther und Lotte sind einander zugewandt. Werther hält Lottes Hand und spricht vermutlich auf sie ein, ohne Albert überhaupt wahrzunehmen. Zwischen Werther und Lotte sitzt Albert, förmlich in den Hintergrund gedrängt. Albert blickt zu Lotte, ist ihr aber nicht vollkommen zugewandt.

▶ **2** a) Denkbar sind Einwände gegen die Anordnung der Personen und ihrer Standorte. Es könnten z. B. alle Personen sitzen oder stehen, miteinander spazieren gehen oder ähnliches. Verschiedene Möglichkeiten sollen bedacht und auf ihre jeweilige Wirkung hin untersucht werden.

b) Zum Kupferstich passen Textstellen, aus denen hervorgeht, dass das anfangs freundschaftliche Verhältnis zwischen Werther, Lotte und Albert sich noch im Gleichgewicht befindet. Dies betrifft also die Zeit der Ankunft Alberts (Textbuch, S. 44) bis zu dem Zeitpunkt der ersten Unstimmigkeiten zwischen Albert und Werther (Textbuch, S. 83).

▶ **3** Die Sammlung der Textstellen kann in Partner- oder Gruppenarbeit erfolgen, die Ergebnisse werden in Form einer Tabelle festgehalten.

Textstelle	Deutung
S. $44_{9\,f.}$	Albert und Lotte sind zusammen im Garten, Werther kommt dazu. Werther ist völlig überdreht, tut besonders lustig …
S. 46	…

▶ **4** Die Schülerinnen und Schüler wählen aus ihrer Aufstellung von Textstellen diejenige aus, die sie für besonders kennzeichnend für die Beziehung der drei Personen zueinander halten.
Das Standbild soll Ausdruck der Beziehung sein. Es werden Schülergruppen gebildet, in denen es Darsteller, einen Regisseur und Beurteiler gibt. Anschließend führen die einzelnen Gruppen ihr Standbild den anderen Gruppen vor und diskutieren ihre unterschiedlichen Wirkungen.

▶ **5** Diese Aufgabenstellung soll provozieren und zum eigenen produktiven Umgang mit dem Stoff anregen. Die Ausgangskonstellation für die „Seifenoper" kann an der Tafel oder auf einer Wandzeitung fixiert werden:

Tafelbild

Liebe, Lust und Leidenschaft

Werther: der jugendliche Liebhaber, leidenschaftlich, fantasievoll
Lotte: die Frau, um die sich alles dreht
Albert: der zukünftige Ehemann, zuverlässig, mit guten Pensionsaussichten, aber leider etwas langweilig
Konflikt: Werther und Albert lieben Lotte; Lotte will Albert heiraten, hat aber durchaus Gefühle für Werther. Alberts öffentliche Stellung erlaubt es nicht länger, dass Werther und Lotte sich treffen …

***Die Leiden des jungen Werthers* – eine Dreiecksgeschichte?**

Goethe-Museum, Düsseldorf

Albert, Charlotte und Werther. Kupferstich von C. Knight (1784)

▶ **1** Beschreiben Sie, wie sich die Beziehung zwischen Werther, Lotte und Albert auf dem Bild darstellt.

▶ **2** a) Nehmen Sie Stellung, ob Sie die Beziehungen der drei Personen zueinander ebenfalls so dargestellt hätten.
b) Geben Sie an, zu welcher Textstelle des Romans dieser Kupferstich besonders gut passt.

▶ **3** Suchen Sie Textstellen heraus, an denen etwas über die Beziehung der drei Personen zueinander deutlich wird, und halten Sie Ihre Deutung stichwortartig fest.

▶ **4** Wählen Sie eine Textstelle aus, die Ihnen besonders charakteristisch für die Beziehung erscheint. Stellen Sie diese Szene in einem Standbild dar.

▶ **5** Stellen Sie sich *Die Leiden des jungen Werthers* in der Verfilmung im Stil einer Seifenoper vor. Machen Sie Angaben für ein Drehbuch über die Beziehung zwischen Werther, Albert und Lotte.

Werther, Lotte und Albert – eine Dreiecksgeschichte

Werther und Albert – zwei gegensätzliche Charaktere

Goethe hat die Figuren von Werther und Albert in vielerlei Hinsicht als gegensätzliche Charaktere entworfen. Die Beziehung zwischen Werther und Albert entwickelt sich parallel zu Werthers zunehmender Ablösung von der Wirklichkeit und seiner sich verstärkenden Fixierung auf Lotte. Werther weiß von Anfang an von der Existenz Alberts als Lottes Verlobten. Als Albert auftaucht, beschreibt Werther Albert durchaus positiv (Brief vom 30. 7., S. 44 f.), wenn auch ein wenig gönnerhaft. Zunächst ergibt sich zwischen den beiden auch ein fast freundschaftliches Verhältnis, wobei allerdings in grundlegenden Einstellungen gleich zu Beginn Unterschiede deutlich werden. Hier ist besonders das Gespräch über den Selbstmord zu nennen, durch das dem Leser sowohl die gängige gesellschaftliche Meinung zu diesem Thema als auch Werthers Haltung vermittelt wird. Im zweiten Teil des Romans ändert sich die Beziehung jedoch. Albert macht sein Missfallen an der Beziehung zwischen Werther und Lotte deutlich.

▶ **1** Weitere Eigenschaften Alberts: er ist sehr gefühlvoll, er ist der „ehrliche" Albert, er zeigt Ordnung und Emsigkeit in Geschäften.

▶ **2** Der Brief vom 12. August 1771 (Textbuch, S. 47–53) steht nicht zufällig an zentraler Stelle in der Mitte des Romans. Werther rechtfertigt hier theoretisch den Selbstmord als Möglichkeit der Einschränkung zu entfliehen. Albert argumentiert im Sinne der damals gesellschaftlich gängigen Position: Selbstmord sei töricht und vernunftswidrig. Er hält Menschen, die Selbstmord begehen, für Wahnsinnige. Selbstmord sei ein Zeichen von Schwäche. Während Albert sich also auf die Vernunft beruft, stellt Werther demgegenüber heraus, dass nur die menschliche Natur, die Leidenschaften als Bewertungsmaßstab herangezogen werden könnten. Werther nennt hier zum ersten Mal den Begriff „Krankheit zum Tode", eine Schwermut, die seiner Ansicht nach zum Selbstmord führt.

▶ **3** Durch die Anwesenheit Alberts und die Erkenntnis, dass Albert und Lotte sich durchaus verstehen und zwischen ihnen uneingeschränktes Vertrauen herrscht, muss Werther begreifen, dass seine Liebe zu Lotte unerfüllt bleiben wird.

▶ **4** Albert toleriert zunächst die Beziehung zwischen seiner Verlobten und Werther und pflegt selbst ein freundschaftliches Verhältnis zu ihm. Zwischen August und Dezember 1772 empfindet Albert jedoch Werthers Anwesenheit zunehmend als störend, zumal er inzwischen mit Lotte verheiratet ist und die Leute über Werther und Lotte zu reden beginnen. Der Herausgeber berichtet, dass Werthers Leidenschaft „den Frieden zwischen Alberten und seiner Frau allmählig untergraben hatte" (Textbuch, S. $97_{7\,\text{f.}}$). Albert bleibt besonnen, obwohl er seine Beziehung zu Lotte gefährdet sieht, und bittet seine Frau lediglich, „dem Umgange mit Werther eine andere Wendung zu geben" (Textbuch, S. 98_5).

Weitere mögliche Aufgaben:

- Untersuchen Sie, ob die Aussagen Werthers emotional geprägt sind oder ob er sich um Objektivität bemüht.
- Erstellen Sie eine Charakteristik über Albert aus der Sicht des Herausgebers.
- Informieren Sie sich über das Thema „Selbstmord". Klären Sie vor allem, ob es in verschiedenen Gesellschaften unterschiedliche Ansichten gibt, ob sich die Einstellung gegenüber Selbstmord bei uns im Lauf der Jahrhunderte gewandelt hat und wie unterschiedliche Religionen Selbstmord bewerten.
- Produktive Aufgabe: Der Herausgeber berichtet, dass Albert im Dezember 1772 möchte, dass sich die Beziehung zwischen seiner Frau und Werther ändert. Schreiben Sie nieder, was Albert seiner Frau sagen könnte, wenn er weniger zurückhaltend wäre.

Werther und Albert – zwei gegensätzliche Charaktere

Aussagen Werthers über Albert	**Eigenschaften oder Verhalten Werthers**
„gelassne Außenseite", 30. Juli 1771	unruhiger, unsteter Charakter
„scheint wenig üble Laune zu haben", Brief vom 30. Juli 1771	W. betrachtet üble Laune als Sünde (1.7.), ist aber selbst oft sehr launisch

▶ **1** Vervollständigen Sie die Tabelle mit Aussagen Werthers über Albert.
Stellen Sie danach diesen Aussagen Verhaltensweisen oder Eigenschaften Werthers gegenüber.

▶ **2** Im Brief vom 12. August 1771 (Textbuch, S. 47–53) berichtet Werther ausführlich über ein Gespräch zwischen Albert und ihm über das Thema Selbstmord.
Stellen Sie die Argumente von Albert und Werther zusammen.

▶ **3** Erklären Sie, welche Funktion Albert in Bezug auf Werthers Entwicklung im Roman hat.

▶ **4** Beschreiben Sie die Entwicklung der Beziehung zwischen Werther und Albert.

Lotte - die ideale Frau für Werther?

Lotte stellt sich Werther als die ideale Frau dar. Schon bevor er sie selbst trifft, hat er nur Positives von ihr gehört und ist sogar gewarnt worden, sich nicht zu verlieben. Er begegnet Lotte das erste Mal in einer Situation, in der er ganz im Einklang mit sich ist. So wirkt denn auch die Beschreibung der Umgebung wie eine Idylle (Textbuch, S. 21). Lotte wird Wilhelm – und somit auch dem Leser – von Werther nicht durch die Auflistung von positiven Charaktereigenschaften beschrieben, sondern durch die Schilderung von Situationen nähergebracht. Lottes Leben mit ihrem Vater und ihren Geschwistern spiegelt Werthers patriarchalische Wunschvorstellung wider und scheint seinem unsteten Wesen einen Ruhepol bieten zu können. Es ist von vornherein klar, dass die Liebe Werthers zu Lotte keine Erfüllung finden kann. Daher idealisiert Werther Lotte auch zunehmend. Die Vergeblichkeit seiner Liebe verstärkt seine Gefühle nur noch: Einerseits schwärmt er von Lotte, andererseits wird er trübsinnig, wenn er an die Vergeblichkeit seiner Bemühungen denkt. Lotte trägt allerdings mit ihrem ambivalenten Verhalten zur fehlenden Distanz Werthers bei. So gewährt sie ihm z. B. kleine Vertraulichkeiten (16. 7., S. 40 f.), was die Beziehung zu ihr für Werther zunehmend unerträglich macht. Zu einer intensiveren Annäherung zwischen Werther und Lotte kommt es bezeichnenderweise erst nach Werthers Entschluss zum Selbstmord (S. 105). Erst der Gedanke an Trennung führt Werther und Lotte für einen Augenblick zusammen (S. 113). Werther geht auch an der unerfüllten Liebe zu Lotte zugrunde.

▶ **1** Im Brief vom 16. Juni (Textbuch, S. 19– 28) erzählt Werther von verschiedenen Episoden, in denen Lotte ihm gegenübertritt (Lotte schneidet den Geschwistern das Brot; Fahrt zum Ball; Lotte als Tänzerin; Lotte während des Gewitters; Lotte spricht mit Werther über Literatur). Um die Bilder skizzieren zu können, müssen die Schülerinnen und Schüler zunächst die entsprechenden Textstellen heraussuchen. Durch die Aufgabenstellung werden sie darauf gelenkt, das Besondere der Situation darzustellen.

▶ **2** Lotte präsentiert sich für Werther als die ideale Frau: Sie übernimmt für ihre Geschwister die Mutterrolle und ist offensichtlich von ihrer Arbeit als Hausfrau erfüllt. Sie ist trotzdem eine fröhliche junge Frau, erzählt von ihren Leidenschaften. Sie ist eine gute und begeisterte Tänzerin und kann sich ihren Gefühlen hingeben. Sie organisiert während des Gewitters ein Pfänderspiel, mit dem sie die ängstlichen jungen Damen ablenkt. Sie teilt Werthers Leidenschaft für Klopstock. Werther glaubt bei Lotte „Kind, Freund und Geliebter" sein zu können.

▶ **3** Die Argumente für oder gegen eine Realisierung der Beziehung zwischen Werther und Lotte können von den Schülerinnen und Schülern in einer Tabelle gegenübergestellt werden. Die Ergebnisse können auf Folien festgehalten werden, die im Plenum präsentiert werden, wobei die Unterschiede Anlass für Diskussionen sein können. Die Ergebnisse der Schülerinnen und Schüler können aber auch in einem Tafelbild festgehalten werden:

Tafelbild

Die Beziehung hat Chancen auf Erfüllung	Die Beziehung hat keine Chancen
Lotte und Werther haben ähnliche Interessen	Lotte ist verlobt (Brief vom 16. Juni)
Lotte ist gerne mit Werther zusammen	Wunsch von Lottes Mutter (Brief vom 10. August)
Lotte kokettiert gerne mit Werther	Verantwortung für die Geschwister (Brief vom 10. August)
Lotte kann sich wie Werther ihren Gefühlen und ihrer Leidenschaft hingeben	Ehe mit Albert (20. Februar)
	Werther idealisiert Lotte (Brief vom 16. Juni, 16. Juli), er verehrt sie (Brief vom 24. November)
	Die Realisierung würde Werthers Illusion zerstören (Brief vom 27. Mai/21. Juni/18. Juli)

Weitere mögliche Aufgaben: 1.Geben Sie an, welche Vorzüge Albert an Lotte hervorheben würde. 2.Klären Sie, inwieweit Lotte durch ihr Verhalten die Handlung des Romans beeinflusst. 3.Formulieren Sie Vorwürfe gegenüber Lotte.

Lotte – die ideale Frau für Werther?

Goethe-Museum, Düsseldorf

Lotte. Titelkupfer von D. Berger nach Daniel Nikolaus Chodowiecki (1775)

▶ **1** Werther stellt in seinem Brief vom 16. 6. 1771 (Textbuch, S. 19 f.) Lotte in mehreren Episoden vor. Zeichnen Sie eine Skizze zu diesen Episoden.

▶ **2** Erläutern Sie, welche Auffassungen Werthers von Lotte als einer idealen Frau in seinen Schilderungen zum Ausdruck kommen.

▶ **3** Prüfen Sie, ob die Liebe zwischen Werther und Lotte eine Zukunft haben konnte. Stellen Sie Argumente zusammen, die für oder gegen eine engere Beziehung sprechen.

Die Leiden des jungen Werthers - ein Schlüsselroman?

Schon von seinen Zeitgenossen wurde Goethes Biografie mit dem Roman in Zusammenhang gebracht. Goethe selbst hat sich mehrfach dazu geäußert, dass es Parallelen zwischen seinem Leben und dem Roman gibt. Einwände Kestners, dass die Personen des Romans zu eindeutig auf reale Personen verweisen würden, waren einer der Gründe für die Änderungen in der zweiten Fassung.
Ein Eingehen auf diese Thematik erscheint daher unerlässlich. In der Forschung herrscht heute überwiegend die Ansicht vor, dass Goethe zwar reale Begebenheiten im Roman aufgenommen und eigene Lebenserfahrungen verarbeitet hat, dass der Roman insgesamt aber nicht als Schlüsselroman, sondern als eine Komposition aus realen und fiktionalen Elementen anzusehen ist.
Es soll aber auch nicht verschwiegen werden, dass Goethe sich bei den Beschreibungen der Personen des Romans bis in Details an die realen Vorbilder hielt. So lässt er z. B. Werther genau dieselbe Kleidung wie Jerusalem tragen („blauer Frack, gelbe Weste, Stiefel mit braunen Stulpen"). Die Beschreibung des Selbstmords von Werther entspricht teilweise dem Bericht, den Kestner Goethe über den Selbstmord Jerusalems schrieb.
Goethe selbst hat sich in *Dichtung und Wahrheit* (12.–13. Buch) zur Problematik geäußert und im Alter drei Gedichte zum Thema Werther verfasst (*Trilogie der Leidenschaften*, 1823/24: *An Werther*, *Elegie* und *Aussöhnung*). In der Forschung werden aber auch diese Ausführungen Goethes eher als Dichtung denn als „Wahrheit" bewertet (vgl. dazu die Ausführungen von Wolfgang Kayser: Textbuch, S. 190–191).

▶ **1** Material zu Bezügen zwischen Goethes Leben und dem Romanstoff finden sich im Textbuch, S. 153–164. Die Auswertung des Materials über den Zusammenhang zwischen Goethes Biografie und dem Romanstoff kann auch in einem oder mehreren Schülerreferaten erfolgen. Arbeitsauftrag: Zeigen Sie Parallelen zwischen Goethes Leben und dem *Werther* auf.
Stichworte für eine mögliche Gliederung könnten vorgegeben werden:
- **Personen** (Charlotte Buff, Karl Wilhelm Jerusalem, Johann Christian Kestner ...)
- **Parallelen** im persönlichen Lebensweg
- **Motive** (Ball, Brief Jerusalems an Kestner mit der Bitte um Pistolen, usw.)

▶ **2** Die äußeren Umstände der Beziehung stimmen teilweise überein. Sicherlich hat Goethe für die Gestaltung von Albert auch bestimmte Eigenschaften Kestners übernommen (Korrektheit, Genauigkeit bei der Arbeit und beim Schreiben, gutes Benehmen in der Gesellschaft u.a.). Es wurden aber auch Goethes Erfahrungen im Umgang mit dem Ehemann von Maximiliane LaRoche eingeflochten.

▶ **3** Goethe entwirft die Lotte im *Werther* nach Charlotte Buff und Maximiliane LaRoche: Lotte bekommt Maximilianes braune Augen und zahlreiche von Charlottes Eigenschaften. Wie im Roman schwärmte auch Goethe und heftete wie Werther das Schattenbild der von ihm Verehrten an die Wand und litt an der Unerfüllbarkeit dieser Liebe.

▶ **4** Das Schicksal Jerusalems dient Goethe als Ausgangspunkt für einen Roman über einen jungen Menschen „mit tiefer reiner Empfindung". Goethe erkannte die besondere Eignung des ungewöhnlichen Schicksals von Jerusalem als Romanstoff. Da er selber Mitleid mit Jerusalem und seinem Leidensweg empfand, hoffte er dasselbe Empfinden bei Lesern hervorrufen zu können.

Weitere mögliche Aufgaben:
– Vergleich des Briefes von Kestner (Textbuch, S. 156–163) über den Tod Jerusalems mit der poetischen Umsetzung durch Goethe vor allem im Bericht des Herausgebers im Roman (u.a. Textbuch, S. 137–150)

Die Leiden des jungen Werthers – ein Schlüsselroman?

Freies Deutsches Hochstift, Frankfurt

Charlotte Kestner
Pastell von Johann Heinrich Schröder (1782)

Goethe-Museum, Düsseldorf

Johann Georg Christian Kestner
Pastell von Johann Heinrich Schröder (1782)

Goethe-Museum, Düsseldorf

Maximiliane LaRoche. Kreidezeichnung
Daniel Nikolaus Chodowiecki zugeschrieben (1773)

Städtische Sammlung, Wetzlar

Carl Wilhelm Jerusalem
Pastell von unbekanntem Künstler (um 1770)

▶ **1** Informieren Sie sich über Parallelen zwischen Goethes Leben und dem Romanstoff. Nutzen Sie dazu Informationen aus dem Textbuch (S. 153–164).

▶ **2** Untersuchen Sie, inwieweit Goethes Bekanntschaft mit Kestner das Bild von Albert im Roman geprägt hat.

▶ **3** Stellen Sie Angaben über Charlotte Buff und Maximiliane LaRoche zusammen. Geben Sie an, inwieweit Goethe Lotte nach ihm bekannten Frauen entworfen hat.

▶ **4** Stellen Sie dar, warum Goethe das Schicksal Jerusalems als Stoff für seinen Roman nutzte.

Naturerleben und Naturdarstellung

Ein Wandel in der Naturauffassung in Deutschland im 18. Jahrhundert lässt sich gut am Beispiel der Gartenbaukunst zeigen, zumal mit der veränderten Gartenbauarchitektur auch eine veränderte Rezeption durch den Parkbetrachter beabsichtigt war.
Der Barockgarten zeichnete sich durch strenge Symmetrie der Gartenanlage und die weitgehende Geometrisierung der Naturform aus (Beschneiden von Heckenwänden, Gestaltung von Arkaden, Pyramiden usw.). Am bekanntesten wurde der Gartenbaukünstler André Le Notre mit dem Entwurf des Gartens von Versailles (vgl. S. 44). In England hingegen entstand durch veränderte politische Verhältnisse die Idee einer freieren Gartengestaltung. Der englische Landschaftsgarten sollte dem Betrachter als ideale Natur erscheinen und Stimmungen und Assoziationen auslösen. 1760 begann sich in Deutschland der englische Einfluss auf die Gartenbaukunst immer mehr durchzusetzen. Goethe favorisierte schon im *Werther* diese Art der freien Gartengestaltung gegenüber den barocken oder rokoko-geprägten Gärten mit geometrischen Mustern, Buchsbaumhecken oder künstlichen Baumpyramiden.
Im ersten wie im letzten Brief Werthers wird der Garten des Grafen M. erwähnt, der Werther ganz besonders gefällt. Da das Motiv des Gartens eine rahmenhafte Verknüpfung von Anfang und Ende des Romans darstellt, bietet sich eine Untersuchung des Gartenmotivs als Einstieg in das Thema Natur an. Fühlt sich Werther im ersten Teil des Romans im Garten sehr wohl, empfindet er im zweiten Teil des Romans beim letzten Treffen vor seiner Abreise mit Albert und Lotte „ein Gefühl von Tod und Zukunft".

▶ **1** Der **Barockgarten** ist gekennzeichnet durch eine strenge Symmetrie der Gesamtanlage. Es wird versucht, die Natur durch ständiges Beschneiden so weit wie möglich zu geometrisieren (Heckenwände, Arkaden, Pyramiden) und somit architektonischen Formen anzugleichen. Der Plan der Gartenanlage von Versailles (vgl. S. 44) weist all diese Gestaltungselemente auf: Das Schloss bildet das Zentrum der Gartenanlage, auf das ein symmetrisches Gefüge aus Straßen, Alleen und Plätzen zugeht. Beete, bepflanzte Karrees (Bosketts), Plätze (vor allem Étoiles) sowie Wasserbassins unterstreichen die strenge architektonische Anordnung und die geometrischen Linien.

Im **englischen Garten** soll die Landschaft möglichst natürlich wirken. Spazierwege schlängeln sich durch die Anlage (keine schnurgeraden barocken Achsen mehr), Orte mit Bänken laden zum Verweilen ein. Der Blick in die Weite der Landschaft ist für den Betrachter frei und unverstellt. Die Anordnung der Pflanzen erfolgt möglichst naturnah. Sowohl durch die farblichen Zusammenstellungen als auch durch die Wahl der Standorte der Pflanzen (vor allem der Bäume) entsteht ein harmonischer Gesamteindruck.

▶ **2** a) Werther bevorzugt eindeutig die freie, naturnahe Gestaltung eines Gartens. Die Natur erscheint in seiner Wahrnehmung wie eine Idylle. Auch Werthers Verhalten in der Natur verweist auf eine moderne Form der Naturerfassung: Werther geht gerne ohne Ziel in der Natur spazieren und betrachtet die Landschaft.

b) Werther lehnt auch in der Gartengestaltung den Zwang durch Regeln ab. Die Natur soll sich frei entfalten können. Der Betrachter soll möglichst eine Landschaft ohne Eingriffe durch menschliche Hand genießen können.

Weitere mögliche Aufgaben:

- Analyse von Textstellen von Barthold Hinrich Brockes (vgl. S. 14), Bezug zur Gartenbaukunst herstellen:
  Des Menschen Witz und Fleiß
  Den leeren dunckel-braunen Staub
  So künstlich einzuschränken weis,
  Dass schön're Züge, Laub-Werck, Bilder
  Kein Mathematicus, kein Schilder
  Fast mit dem Pinsel malen kann.
  (Irdisches Vergnügen in Gott)
- Untersuchung von Naturgedichten des Barock und der Empfindsamkeit im Hinblick auf ein sich veränderndes Naturgefühl im Wandel der Epochen

Naturerleben und Naturdarstellung

Beltz Verlag

Der Landsitz Wanstead/Essex aus der Vogelperspektive (1707)

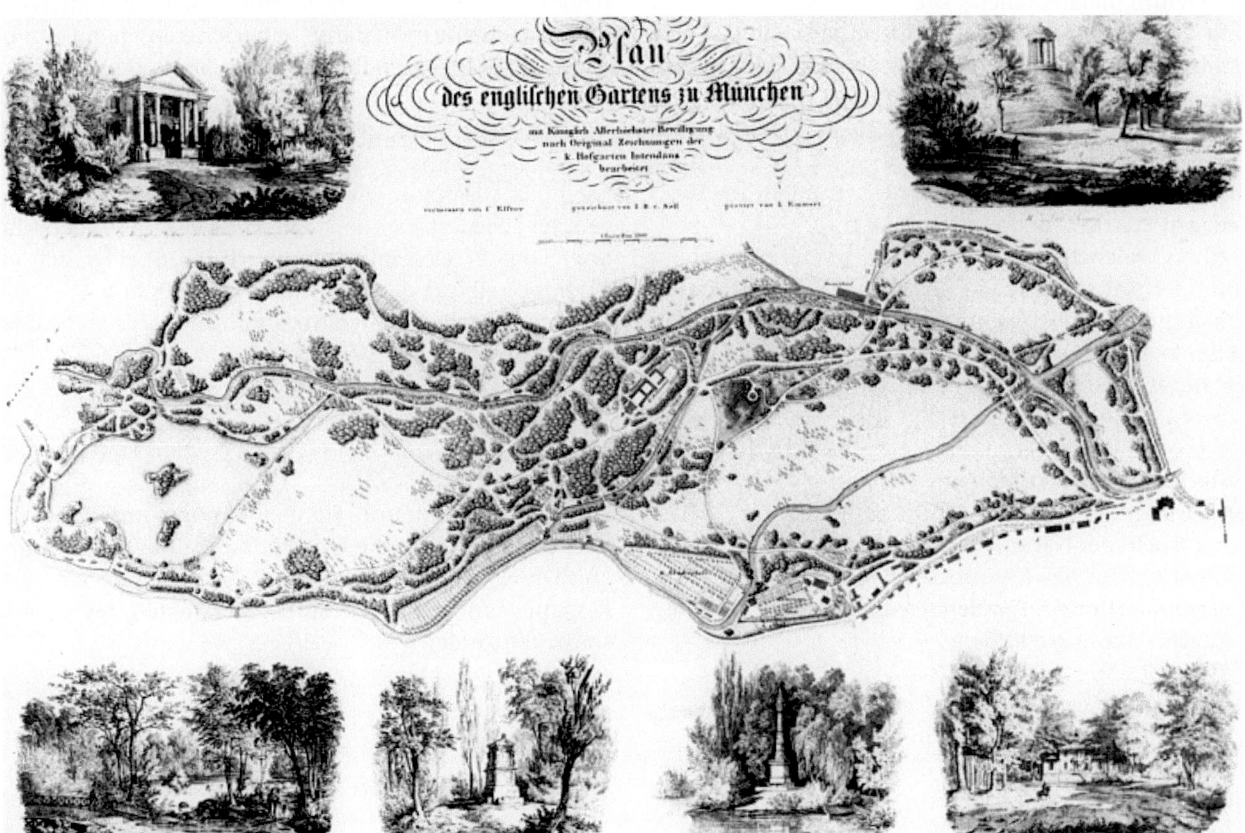

Beltz Verlag

Der Englische Garten in München. Plan mit Randveduten von I. B. von Sell (um 1840)

▶ **1** Beschreiben Sie die Unterschiede zwischen den beiden Gärten (vgl. auch S. 44).

▶ **2** a) Welche Gestaltung eines Gartens bevorzugt Werther?
b) Geben Sie Gründe für seine Auffassung an.

Natur und Gefühl – Werthers Naturempfinden

Werthers Gefühle bestimmen seine jeweilige Auffassung von der Natur. Während er zu Beginn des Romans eine nahezu grenzenlose Harmonie mit der Natur empfindet, weil er glücklich ist, ändert sich diese Einstellung zunehmend entsprechend seiner inneren Verfassung.
Die negativere Naturauffassung entwickelt sich parallel zur Erkenntnis über die Aussichtslosigkeit seiner Liebe zu Lotte und der Unmöglichkeit sich selbst zu verwirklichen. Werther ist sich durchaus bewusst, dass es einen Zusammenhang zwischen seinen Gefühlen und seiner Naturauffassung gibt (z. B. Brief vom 8. Dezember, Textbuch, S. 95 f.); besonders deutlich wird dies in der zweiten Fassung: „Wie die Natur sich zum Herbste neigt, wird es Herbst in mir und um mich her“ (Brief vom 4. September, Textbuch, S. 133).

▶ **1** Aspekte der Analyse des Briefes vom 10. Mai (Textbuch, S. 9 f.):
- **Thematisch:** Werthers Naturerlebnis, (pan)religiöse Erfahrung, Umschlag der Stimmung angesichts der Vollkommenheit der Natur und der Allmacht Gottes;
- **sprachlich-stilistisch:** Wortwahl: pietistisch, empfindsam (Herz, Seele, Gefühl, Heiliger Gott, Allmächtiger);
- **Satzstruktur:** wenn/dann-Konstruktionen, Spannung, Atemlosigkeit;
- **Stilmittel:** Anaphern, Wiederholungen („fühle“, „könntest du“), Ausrufe, Ellipsen, Diminuitive („Gräschen“, „Mückchen“).

▶ **2** Die Textanalyse im Anschluss an das Hören der Briefe soll auf der inhaltlichen Ebene Werthers verändertes Naturgefühl herausstellen. Die Natur erscheint nicht mehr als Quelle des Glücks, sondern hat vielmehr eine zerstörerische Kraft. Es finden sich vorausdeutende Hinweise auf den Fortgang der Handlung. Werthers Stimmung ist völlig umgeschlagen, wie sich an der Wortwahl zeigt (z. B. „Grab“, „Zerstörung“). Die auffällige Satzkonstruktion mit mehreren konditionalen Satzanfängen und nur einem mit „dann“ eingeleiteten Hauptsatz ist dagegen parallel gestaltet zu der im Brief vom 10. Mai.

▶ **3/4** Die Schülerinnen und Schüler sammeln zunächst Aussagen Werthers über die Natur.
Werthers Seelenzustand spiegelt sich in seiner Wahrnehmung der Natur. Fühlt er sich zunächst noch ganz im Einklang mit der Natur (Brief vom 4. und vom 10. Mai, Textbuch, S. 7 f.), stellt sich ihm die Natur parallel zu seinen negativen persönlichen Erfahrungen als zerstörerisch dar. Die Natur wird gar zu einem „ewig verschlingenden wiederkäuenden Ungeheuer“. Besonders im Brief vom 17. Dezember (Textbuch, S. 96) zeigt sich an der Beschreibung der Natur Werthers zunehmender psychischer Verfall. Werthers Stimmung ändert sich parallel zum jahreszeitlichen Wechsel.

Weitere mögliche Aufgaben:
Zur geistesgeschichtlichen Einordnung und zur Gottesverehrung in der Natur können behandelt werden:
- Friedrich Gottlieb Klopstock: *Die Frühlingsfeier,*
- Barthold Hinrich Brockes: Gedichte der Sammlung *Irdisches Vergnügen in Gott,*
- Albrecht von Haller: *Die Alpen*

Zum Vergleich und weiteren Untersuchungen eigenen sich besonders folgende Gedichte:
- Johann Wolfgang Goethe: *Maifest* oder andere Gedichte der *Sesenheimer Lyrik*
- Johann Wolfgang Goethe: *Ganymed*
- Johann Wolfgang Goethe: *Prometheus*

Die Schülerinnen und Schüler können mit Referaten über den Pietismus, die Empfindsamkeit und den Sturm und Drang beauftragt werden. Es sollte jeweils ein Thesenpapier mit den wichtigsten Merkmalen der Epoche erarbeitet werden.

Natur und Gefühl - Werthers Naturempfinden

10. Mai

[...] Eine wunderbare Heiterkeit hat meine ganze Seele eingenommen, gleich denen süßen Frühlingsmorgen, die ich mit ganzem Herzen geniesse. (S. 9_{9-11})
Ich bin so glücklich, mein Bester, so ganz in dem Gefühl von ruhigem Daseyn versunken, daß meine Kunst darunter leidet. (S. 9_{13-15})
Wenn das liebe Thal um mich dampft, und die hohe Sonne an der Oberfläche der undurchdringlichen Finsterniß meines Waldes ruht, und nur einzelne Strahlen sich in das innere Heiligthum stehlen, und ich dann im hohen Grase am fallenden Bache liege, und näher an der Erde tausend mannigfaltige Gräsgen mir merkwürdig werden.
Wenn ich das Wimmeln der kleinen Welt zwischen Halmen, die unzähligen, unergründlichen Gestalten, all der Würmgen, der Mückgen, näher an meinem Herzen fühle, und fühle die Gegenwart des Allmächtigen, der uns all nach seinem Bilde schuf, das Wehen des Allliebenden, der uns in ewiger Wonne schwebend trägt und erhält.
Mein Freund, wenn's denn um meine Augen dämmert, und die Welt um mich her und Himmel ganz in meiner Seele ruht, wie die Gestalt einer Geliebten; dann sehn ich mich oft und denke: ach könntest du das wieder ausdrücken, könntest du dem Papier das einhauchen, was so voll, so warm in dir lebt, daß es würde der Spiegel deiner Seele, wie deine Seele ist der Spiegel des unendlichen Gottes. [...]
(S. $9_{18}-10_{1}$)

18. August:

[...] Mußte denn das so seyn? daß das, was des Menschen Glükseligkeit macht, wieder die Quelle seines Elends würde. (S. 54_{12-13})
Das volle warme Gefühl meines Herzens an der lebendigen Natur, das mich mit so viel Wonne überströmte, dasrings umher die Welt mir zu einem Paradiese schuf, wird mir jezt zu einem unerträglichen Peiniger, zu einem quälenden Geiste, der mich auf allen Wegen verfolgt. Wenn ich sonst vom Fels über den Fluß bis zu jenen Hügeln das fruchtbare Thal überschaute, und alles um mich her keimen und quellen sah, wenn ich jene Berge, vom Fuße bis auf zum Gipfel, mit hohen, dichten Bäumen bekleidet, all jene Thäler in ihren mannichfaltigen Krümmungen von den lieblichsten Wäldern beschattet sah, und der sanfte Fluß zwischen den lispelnden Rohren dahin gleitete, und die lieben Wolken abspiegelte, die der sanfte Abendwind am Himmel herüber wiegte, wenn ich denn die Vögel um mich, den Wald beleben hörte, und die Millionen Mükkenschwärme im lezten rothen Strahle der Sonne muthig tanzten, und ihr lezter zukkender Blik den summenden Käfer aus seinem Grase befreyte und das Gewebere um mich her, mich auf den Boden aufmerksam machte und das Moos, das meinem harten Felsen seine Nahrung abzwingt, und das Geniste, das den dürren Sandhügel hinunter wächst, mir alles das innere glühende, heilige Leben der Natur eröfnete, wie umfaßt ich das all mit warmen Herzen, verlohr mich in der unendlichen Fülle, und die herrlichen Gestalten der unendlichen Welt bewegten sich alllebend in meiner Seele. (S. $54_{14}-55_{4}$)
Der harmloseste Spaziergang kostet tausend tausend armen Würmgen das Leben, es zerrüttet ein Fustritt die mühseligen Gebäude der Ameisen, und stampft eine kleine Welt in ein schmähliches Grab. (S. 56_{5-8})
Mir untergräbt das Herz die verzehrende Kraft, die im All der Natur verborgen liegt, die nichts gebildet hat, das nicht seinen Nachbar, nicht sich selbst zerstörte. Und so taumele ich beängstet! Himmel und Erde und all die webenden Kräfte um mich her! Ich sehet nichts, als ein ewig verschlingendes, ewig wiederkäuendes Ungeheur. [...]
(S. 56_{11-16})

▶ **1** Interpretieren Sie den Brief vom 10. Mai (Textbuch, S. 9 f.)
- Geben Sie die angesprochenen Themen an.
- Beschreiben Sie Werthers Verhältnis zur Natur.
- Analysieren Sie die Sprache des Briefes.

▶ **2** Lesen Sie auch den Brief vom 18. August (Textbuch, S. 54 ff.). Erklären Sie, wodurch die unterschiedliche Wirkung der beiden Briefe zustande kommt.

▶ **3** Werthers Beschreibung der Natur korrespondiert mit seinen Gefühlen. Suchen Sie Belege dafür.

▶ **4** Fassen Sie in einem Text zusammen, was Sie über den Zusammenhang von Naturempfinden und Gefühl herausgefunden haben.

Freiheit und Zwang in der Kunst

Goethe benutzt die Figur des Werther, um durch sie die Auffassung des Sturm und Drang von der Natur und vor allem der Kunst zu vermitteln. Der Sturm und Drang wollte die Schranken der Aufklärung in der Literatur und in den bildenden Künsten überwinden. Künstlerisches Schaffen sollte nicht mehr von Vernunft und Regeln, sondern vielmehr von Gefühl und Phantasie bestimmt werden. Der vollkommene Künstler, das Genie oder „Originalgenie" befreite sich nach den Vorstellungen der Anhänger des Sturm und Drang von allen Zwängen und Einschränkungen durch Regeln. In der Literatur waren dies z. B. Regeln für den Aufbau literarischer Werke, Vorschriften für die Verwendung bestimmter Stilmittel, das Auftreten bestimmter Personen in literarischen Werken oder die Auswahl von Stoffen und Inhalten.

▶ **1** Werthers Einstellung zu den Regeln in der Kunst entspricht den Auffassungen der Künstler des Sturm und Drang. Die Ergebnisse der Fragestellung können in einem Tafelbild festgehalten werden:

Tafelbild

Herkömmliche Auffassung von Kunst	Werthers Auffassung von Kunst
Kunst hat Regeln	Kunst muss aus dem Gefühl heraus entstehen
Ergebnis: Zerstörung des wahren Ausdrucks der Natur	Ergebnis: wahrer Ausdruck der Natur
Auffassung der Aufklärer	Auffassung des Sturm und Drang

▶ **2** Deutung des Gleichnisses: Werther stellt Wilhelm seine Auffassung von der Wirkung der Regeln in der Kunst dar, indem er im Gleichnis die Kunst mit der Liebe gleichsetzt. Kunst wie Liebe können seiner Meinung nach nicht begrenzt werden, sonst geht ihr wahrer Charakter verloren. Der Liebe wie der Kunst muss man sich vollkommen hingeben können.

▶ **3** Werther als Künstler: Werther versucht sich als Künstler; er hat eine Vorstellung davon, wie ein Künstler zu wirken hat und wie seine Werke aussehen müssten. So zeichnet er neben seiner Umgebung (vgl. „Wahlheim" auf S. 17) z. B. zwei Knaben, die unter einer Linde sitzen. Ganz gemäß dem Kunstverständnis des Sturm und Drang versucht er nicht zu stilisieren, sondern die Natur möglichst genau abzubilden (Brief vom 26. Mai, Textbuch, S. 15–17). Er findet in seinem künstlerischen Schaffen jedoch keine Erfüllung. Immer wieder glaubt er sich nicht richtig ausdrücken zu können und die Natur nicht richtig darzustellen (Brief vom 24. Juli, Textbuch, S. 43).

Weitere mögliche Aufgaben:
- Schülerreferat über den Geniebegriff; Behandlung des Textes von Lavater über das Genie
- Vergleich Werthers mit dem jungen V. (Brief vom 17. Mai, Textbuch, S.13)

V.:	**Werther:**
von Akademien geprägt	Vertrauen auf eigene Kraft, Originalität
stolz, ein Mann der Wissenschaft zu sein	
verlässt sich auf Regeln, Theorie, Vorbilder	

- Referate über Kunsttheorien der Zeit Goethes, z. B. von Batteaux, Sulzer, Winckelmann

Freiheit und Zwang in der Kunst

Reclam Verlag

Garbenheim bei Wetzlar, Goethes „Wahlheim". Nach einer Zeichnung von Carl Stuhl.

▶ **1** Geben Sie mit Ihren Worten wieder, welche Einstellung Werther zu Regeln in der Kunst vertritt.

▶ **2** Deuten Sie das Gleichnis, das Werther seinem Freund Wilhelm erzählt. Formulieren Sie die Lehre des Gleichnisses.

▶ **3** Ist Werther ein Künstler? Suchen Sie nach Belegen und Argumenten.

Werther und die Gesellschaft

Im *Werther* spiegelt sich der beginnende gesellschaftliche Wandel im Lauf des 18. Jahrhunderts. Die gewohnte, überschaubare Ordnung zerfällt allmählich, die ständische Gesellschaft löst sich auf. Es entsteht eine neue lockere dynamische Sozialstruktur, Vorstellungen von Ehe und Familie wandeln sich. Dies alles bringt für die Menschen auch Unsicherheiten im persönlichen wie im weltanschaulichen Bereich mit sich.

Werther fühlt sich, wie überall, auch im gesellschaftlichen Bereich als Außenseiter. Die Leute des „geringen" Standes achtet er und fühlt sich auch zu ihnen hingezogen (Brief vom 15. Mai, Textbuch, S. 11 f.). Es ist jedoch schwierig wirklich Kontakt zu ihnen zu bekommen, weil sie misstrauisch sind und es nicht gewohnt sind, dass sich Menschen höherer sozialer Gruppen ihnen zuwenden.

Werther stellt sich nicht grundsätzlich gegen die ständische Ordnung („Ich weiß wohl, daß wir nicht gleich sind, noch seyn können", Textbuch, S. $11_{24\,f.}$). Er wünscht sich aber eine stärkere Durchlässigkeit zwischen den gesellschaftlichen Ständen. Die bäuerliche Welt erscheint ihm vorwiegend idyllisch. Am Bürgertum kritisiert er vor allem dessen Verhältnis zur Arbeit.

Dies wird beispielsweise daran deutlich, wie Werther sich Wilhelm gegenüber über seine Mutter äußert, die ihn antreibt, sich für ihn einen gesellschaftlichen Aufstieg wünscht und seine Karriere plant (Brief vom 20. Juli, Textbuch, S. 42).

Im zweiten Teil des Romans ist der gesellschaftskritische Aspekt stärker ausgeprägt. Werthers Beschreibungen der adligen Gesellschaft weichen im Stil vom sonstigen Roman ab, Werther schreibt hier nüchtern und kritisch, teilweise sogar ironisch (Brief vom 15. März, Textbuch, S. 71 ff.).

Als Werther die gesellschaftlichen Konventionen ignoriert, wird er aus der adligen Gesellschaft ausgeschlossen. Dies bestätigt ihn endgültig darin, dass er auch hier ein Außenseiter ist. Er flieht wiederum und zieht sich zurück in die vermeintliche Idylle.

▶ **1** Die Schülerinnen und Schüler sollten zunächst entsprechende Textstellen heraussuchen und diese dann untersuchen. Die Ergebnisse über Werthers Verhältnis zu den Ständen sollten zusammengefasst und in Begriffe und Stichworte gefasst werden.

▶ **2** Werther fühlte sich vom Grafen C. anerkannt, zum Fräulein B. pflegt er ein freundschaftliches Verhältnis. Deshalb fällt ihm auch nicht auf, dass er bei Tisch nicht zur adligen Gesellschaft gehört. Dass er aus der adligen Gesellschaft ausgewiesen wird, bestätigt ihn darin, dass er auch hier ein Außenseiter ist. Er nimmt dies zum Anlass wiederum zu fliehen, nicht zuletzt deshalb, weil ihn seine Arbeit beim Gesandten ja ebenfalls nicht zufrieden stellte.

▶ **3** Werther ist in jeder Hinsicht ein Vertreter des Sturm und Drang. Dazu gehört auch sein absoluter Selbstverwirklichungsanspruch, sein Wunsch nach Individualität.

Weitere mögliche Aufgaben:
- Untersuchung der Rolle der Kinder für Werther
- Referat(e) über die gesellschaftlichen Verhältnisse im 18. Jahrhundert (Veränderungen in der ständischen Gesellschaft)

Werther und die Gesellschaft

Werthers Beziehung zu den „einfachen Leuten“

Werthers Beziehung zum Bürgertum

Werthers Beziehung zum Adel

▶ **1** Notieren Sie in den Kästchen Schlag- oder Stichworte, die Werthers Einstellung den Ständen gegenüber kennzeichnen.

▶ **2** Untersuchen Sie die Wirkung der Episode bei Hofe (Brief vom 15. März, S. 71 ff.) auf Werther.

▶ **3** Wie stellt sich Werther ein Leben in Freiheit vor? Notieren Sie seine Ansichten.

Individuum und Gesellschaft: literatursoziologische Deutung von Georg Lukács

Georg Lukács (1885–1971) deutete *Die Leiden des jungen Werthers* im Sinne der marxistisch ausgerichteten Literatursoziologie. Lukács sieht Werther als einen unzufriedenen bürgerlichen Intellektuellen, der im Konflikt mit der Gesellschaft, ihren Bedingungen und ihren Normen steht.

Die Probleme Werthers werden von Lukács zurückgeführt auf die im Roman angesprochenen gesellschaftlichen und politischen Umstände, wobei sich Lukács auch auf die historische Wirklichkeit zur Lebenszeit des jungen Goethe bezieht. Werthers Scheitern wird nicht interpretiert als individuelles Schicksal, sondern als Beispiel für die Situation des Bürgertums im feudalen System. Das Bürgertum war gegenüber dem Adel sowohl ökonomisch als auch politisch benachteiligt.

Grundlage für die Rezension von Lukács ist die marxistische Kritik am kapitalistischen System, als dessen Opfer Werther dargestellt wird. Gemäß der marxistischen Theorie sind die Handlungen und das Denken der Menschen geprägt vom jeweiligen ökonomischen System. Somit deutet Lukács auch Werthers und Lottes Verhalten als systembedingt.

Die Schülerinnen und Schüler können, ausgehend von der Interpretation von Lukács, die literatursoziologische Interpretationsmethode kennen lernen. (Material zur Sozialgeschichte der Klassik: *Ide, H./Lecke, B.: Literatur und Ökonomie. Frankfurt a. M. 1973*)

▸ **1** Werther wird von Lukács als Opfer der gesellschaftlichen und politischen Umstände gesehen. Da nach der marxistischen Theorie auch die Handlungen und das Denken der Menschen geprägt sind vom jeweiligen ökonomischen System, deutet Lukács auch Werthers und Lottes Verhalten als systembedingt.

▸ **2** Eine kritische Auseinandersetzung mit der Auffassung von Lukács müsste zeigen, dass seine Ansätze zu einseitig sind und dass er die sozialkritischen Tendenzen, die zweifellos im Werk vorhanden sind, überinterpretiert.

Die gesellschaftlichen und politischen Bedingungen sind nur ein Hindernis für Werthers Selbstverwirklichung. Ein weit wichtigerer Grund für Werthers Scheitern ist aber vor allem sein übersteigerter Subjektivismus, der für ihn auf mehreren Ebenen der Romanhandlung zu Problemen führt. Goethe betont die zunehmende Isolation Werthers und seinen Rückzug aus der Gesellschaft, ohne den Versuch des gesellschaftlich relevanten Handelns darzustellen.

Die Kritik an Lukács sollte an einzelnen Beispielen verdeutlicht werden: So übt Werther etwa bei der Szene in der Adelsgesellschaft keine grundsätzliche Kritik an gesellschaftlichen Normen und Konventionen. Er möchte im Grunde zur Adelsgesellschaft gehören und stört sich nur daran, dass seine Individualität und besondere Rolle von der Adelsgesellschaft nicht akzeptiert wird.

Weitere mögliche Aufgaben:

- Interpretation der Aussagen von Friedrich Engels zu *Die Leiden des jungen Werthers*, Vergleich mit den Ansichten von Lukács
- Einführung in andere literaturwissenschaftliche Methoden, ausgehend von Deutungen des *Werther* (Textbuch, S. 189–207)

Individuum und Gesellschaft: literatursoziologische Deutung von Georg Lukács

Georg Lukács: Das Problem des bürgerlich-revolutionären Humanismus im *Werther* (1936)

[...] Im Mittelpunkt des *Werther* steht das große Problem des bürgerlich-revolutionären Humanismus, das Problem der freien und allseitigen Entfaltung der menschlichen Persönlichkeit. [...]

Die Tiefe und Vielseitigkeit in der Problemstellung des jungen Goethe beruht darauf, daß er den Gegensatz zwischen Persönlichkeit und bürgerlicher Gesellschaft nicht nur in bezug auf den halbfeudalen Duodez-Absolutismus Deutschlands seiner Zeit sieht, sondern in bezug auf die bürgerliche Gesellschaft im allgemeinen. Selbstverständlich richtet sich der Kampf des jungen Goethe gegen jene konkreten Formen der Unterdrückung und der Verkümmerung der menschlichen Persönlichkeit, die das Deutschland seiner Tage hervorbringt. Aber die Tiefe seiner Auffassung zeigt sich darin, daß er nicht bei einer Kritik der bloßen Symptome, bei einer polemischen Darstellung der augenfälligen Erscheinungsweisen stehenbleibt. Er gestaltet vielmehr das Alltagsleben seiner Zeit mit einem so tiefen Verständnis der bewegenden Kräfte, der grundlegenden Widersprüche, daß die Bedeutung seiner Kritik weit über eine Kritik der Zustände des zurückgebliebenen Deutschlands hinausgeht. Die begeisterte Aufnahme, die der *Werther* in ganz Europa fand, zeigt, daß die Menschen der kapitalistisch entwickelteren Länder im Schicksal Werthers sofort erleben mußten: tua res agitur. [...]

[...] Goethe sieht in der feudalen Standesschichtung, in der feudalen Abschließung der Stände voneinander, ein unmittelbares und wesentliches Hindernis der Entfaltung der menschlichen Persönlichkeit und kritisiert dementsprechend die Gesellschaftsordnung mit bitterer Satire.

Er sieht aber zugleich, daß die bürgerliche Gesellschaft, deren Entwicklung eigentlich das Problem der Persönlichkeitsentfaltung mit solcher Vehemenz in den Vordergrund gestellt hat, ihr selbst ununterbrochen Hindernisse entgegensetzt. [...] Die kapitalistische Arbeitsteilung, auf deren Grundlage erst jene Entwicklung der Produktivkräfte vor sich gehen kann, die die materielle Basis der entfalteten Persönlichkeit bilden, unterwirft sich zugleich den Menschen, zerstückelt seine Persönlichkeit zu einem leblosen Spezialistentum usw. Es ist klar, daß dem jungen Goethe die ökonomische Einsicht in diese Zusammenhänge fehlen mußte. Um so höher muß seine dichterische Genialität eingeschätzt werden, mit der er an menschlichen Schicksalen die wirkliche Dialektik dieser Entwicklung darstellen konnte. [...] Noch energischer und leidenschaftlicher ist die Rebellion gegen die Regeln der Ethik. [...] Die ethischen Probleme des *Werther* spielen sich alle im Zeichen dieser Rebellion ab, einer Rebellion, in der sich zum erstenmal in der Weltliteratur die inneren Widersprüche des revolutionären bürgerlichen Humanismus in großer dichterischer Darstellung zeigen. Goethe legt die Handlung in diesem Roman außerordentlich sparsam an. Aber er wählt fast ausnahmslos solche Figuren und solche Geschehnisse aus, in denen diese Widersprüche, die Widersprüche zwischen menschlicher Leidenschaft und gesellschaftlicher Gesetzlichkeit, zutage treten. Und zwar ausnahmslos zwischen Leidenschaften, in denen an und für sich nichts Niedriges, nichts Asoziales oder Antisoziales enthalten ist, und Gesetzen, die nicht an und für sich als sinnlos und die Entwicklung hemmend verworfen werden (wie die Ständescheidungen der feudalen Gesellschaft), sondern die nur die allgemeinen Beschränktheiten aller Gesetze der bürgerlichen Gesellschaft an sich tragen. [...]

Der *Werther* wird allgemein als ein Liebesroman aufgefaßt. Und das zu Recht: der *Werther* ist einer der bedeutendsten Liebesromane der Weltliteratur. [...] Er zeigt in der Gestaltung der leidenschaftlichen Liebe den unlösbaren Widerspruch zwischen Persönlichkeitsentwicklung und bürgerlicher Gesellschaft. Und dazu war notwendig, daß wir diesen Konflikt auf allen Gebieten der menschlichen Tätigkeit miterleben können. [...]

[...] Lotte ist eine bürgerliche Frau, die an ihrer Ehe mit dem tüchtigen und geachteten Mann instinktiv festhält und vor der eigenen Leidenschaft erschreckt zurücktaumelt. Die Werthertragödie ist also nicht nur die Tragödie der unglücklichen Liebesleidenschaft, sondern die vollendete Gestaltung des inneren Widerspruchs der bürgerlichen Ehe: sie ist auf individuelle Liebe basiert, mit ihr entsteht historisch die individuelle Liebe – ihr ökonomisch-soziales Dasein steht aber in unlösbarem Widerspruch zur individuellen Liebe. [...]

Lukács, Georg: Goethe und seine Zeit. In: Lukács, Georg: Deutsche Literatur in zwei Jahrhunderten. Neuwied und Berlin 1964, S. 57 ff.

▶ **1** Stellen Sie in Form von Thesen dar, wie Georg Lukács Goethes Roman interpretiert.

▶ **2** Nehmen Sie aus Ihrer Sicht Stellung zu Lukács' Auffassung.

Das Leiden am Ich und die „Krankheit zum Tode“

Werther ist in der gesamten Romanhandlung auf der Suche nach Möglichkeiten zur Selbstverwirklichung; er möchte seine Subjektivität ausleben, stößt jedoch überall an Grenzen. Er findet keine Möglichkeit zur Selbstentfaltung. Häufig wird das Spannungsverhältnis zwischen Zwang und Freiheit thematisiert. Immer wieder spricht Werther vom Leben als „Kerker“. Werthers Entgrenzungssehnsucht kann keine Erfüllung finden. Schließlich glaubt er, dass nur noch der Tod ihm Freiheit geben kann.

▶ **1** Werther leidet unter der Beschränkung der menschlichen Existenz im Allgemeinen. Er sieht sich auf sämtlichen Ebenen (Natur, Gesellschaft, Liebe, Möglichkeiten der künstlerischen Entfaltung) eingeengt. Schließlich glaubt er, dass seine einzige wirklich Freiheit nur noch darin bestehen kann, seinen Tod in freiem Entschluss selbst herbeizuführen.

▶ **2** Das Bild der „Krankheit“, das von Werther zum ersten Mal im Brief vom 12. August (Textbuch, S. 47 ff.) benutzt wird, taucht am Ende des Romans immer häufiger auf. Indem Werther von einer „Krankheit“ spricht, entzieht er sich auch der Verantwortung für sein Verhalten und seinen späteren Selbstmord.

▶ **3** Die Schülerinnen und Schüler sollen die Ergebnisse aus den Aufgaben 1 und 2 miteinander in Beziehung bringen und anschließend die Funktion des Todesmotivs innerhalb des Romans erklären.
Das Todesmotiv kommt im ersten Teil des Romans vor, oft auch verbunden mit der Selbstmordproblematik (z. B. Brief vom 17. Mai, Textbuch, S. 15; Lottes Fürsorge für die sterbende Freundin: Briefe vom 29. 6., 1. 7. und 6. 7., Textbuch S. 31 ff.; Gespräch mit Albert über Selbstmord und Tod: Brief vom 12. August, Textbuch, S. 47–53; Brief vom 18. August, Textbuch, S. 54 ff.).
Im zweiten Teil des Romans nehmen die Anspielungen auf den Tod deutlich zu und verdichten sich zum Ende hin (z. B. Brief vom 4. August 1772, Textbuch, S. 80 f.: Hans gestorben; Brief vom 21. August 1772, Textbuch, S. 31: Mord- und Todesgedanken Werthers; Brief vom 12. Oktober 1772, Textbuch, S. 84 f.: Gedanken bei der Lektüre Ossians; Brief vom 8. Dezember 1772, Textbuch, S. 95 f. sowie Ausführungen in den Anmerkungen des Herausgebers, Textbuch S. 97 ff.).
Werthers innere Situation wird dadurch verdeutlicht, sein eigener Tod antizipiert. Werther selbst zieht Parallelen zwischen seinem Schicksal und der Passionsgeschichte (z. B. im Brief vom 15. November 1772, Textbuch, S. 88 f.). Die Auseinandersetzung mit dem Thema kann als Erörterung erfolgen.

Weitere mögliche Aufgaben:
- Untersuchung der Selbstmordproblematik in Kommentaren oder Rezensionen der Texte aus dem 18. Jahrhundert (in: *Rothmann, Kurt (Hrsg.): J. W. Goethe. Die Leiden des jungen Werthers. Stuttgart 1971*)
- Untersuchung der Bedeutung der Begriffe „Verselbstung“ und „Entselbstigung“ (in: *Johann Wolfgang Goethe: Dichtung und Wahrheit II, 9*)

Das Leiden am Ich und die „Krankheit zum Tode“

> […] Wer aber in seiner Demuth erkennt, wo das alles hinausläuft, […] der ist still und bildet seine Welt aus sich selbst, und ist auch glüklich, weil er ein Mensch ist. Und dann, so eingeschränkt er ist, hält er doch immer im Herzen das süsse Gefühl von Freyheit, und dass er diesen Kerker verlassen kann, wann er will. […]
>
> *Brief vom 22. Mai 1771, S. 14 f.*

> […] Lieber Wilhelm, ich habe allerley nachgedacht, über die Begier im Menschen sich auszubreiten, neue Entdeckungen zu machen, herumzuschweifen; und dann wieder über den innern Trieb, sich der Einschränkung willig zu ergeben, und auf dem Gleise der Gewohnheit so hinzufahren, und sich weder rechts noch links zu bekümmern. […]
>
> *Brief vom 21. Juni 1771, S. 28 f.*

> […] Nun mein Lieber, lass uns das auf den Geist anwenden. Sieh den Menschen an in seiner Eingeschränktheit, wie Eindrükke auf ihn würken, Ideen sich bei ihm fest sezzen, bis endlich eine wachsende Leidenschaft ihn aller ruhigen Sinneskraft beraubt, und ihn zu Grunde richtet. […]
>
> *Brief vom 12. August 1771, S. 47 f.*

> […] Es hat sich vor meiner Seele wie ein Vorhang weggezogen, und der Schauplatz des unendlichen Lebens verwandelt sich vor mir in den Abgrund des ewig offenen Grabs. […]
>
> *Brief vom 18. August 1771, S. 54 ff.*

> […] Was ist der Mensch? Der gepriesene Halbgott! Ermangeln ihm nicht da eben die Kräfte, wo er sie am nöthigsten braucht? Und wenn er in Freude sich aufschwingt, oder im Leiden versinkt, eben da wieder zu dem stumpfen kalten Bewustseyn zurük gebracht, da er sich in der Fülle des Unendlichen zu verliehren sehnte. […]
>
> *Brief vom 6. Dezember 1772, S. 94 f.*

▶ **1** Erklären Sie, ausgehend von den Zitaten, Werthers Ansicht über Freiheit und Einschränkung.

▶ **2** Werther spricht Albert gegenüber von einer „Krankheit zum Tode“ (Brief vom 12. August). Was meint er damit?

▶ **3** Erörtern Sie die Funktion und Bedeutung des Todesmotivs im *Werther*.

Werthers Scheitern

Sämtliche Versuche Werthers, eine Möglichkeit zur Selbstverwirklichung zu finden, scheitern. Seine Liebe zu Lotte lässt sich nicht realisieren, im Beruf findet er ebenfalls keine Erfüllung, als Künstler bleibt er ein Dilettant, gesellschaftliche Normen werden zum Hindernis für seine Selbstentfaltung.

▶ **1** Die Erstellung einer Mind-Map kann eine Methode des Sammelns und Ordens von Gedanken darstellen und somit als Planungs- und Darstellungshilfe dienen.
Mind-Mapping ist ein Verfahren, das die Schülerinnen und Schüler für sich selbst lernen sollten, um sich das Ordnen von Gedanken beim Planen und von Informationen bei der Erarbeitung von Texten zu erleichtern. Es handelt sich dabei um eine auf viele Bereiche anwendbare und übertragbare Entlastungstechnik, die zudem als Hilfe bei der Erstellung eigener Texte dienen kann. Zudem dient die Mind-Map als Gedächtnisstütze bei der Vermittlung von Informationen an andere und macht sie gut überschaubar.
Neben den Bereichen, in denen Werther scheitert, können auch die Anlässe und Gründe für das Scheitern verzeichnet werden.
Mögliche weitere Bereiche des Scheiterns von Werther sind:

- die Natur (Werther lehnt die zurechtgestutzte Natur der barocken Gärten ab. Er will in der freien Natur seine Idylle finden, was ihm jedoch nur in bestimmten Gemütszuständen und auch dann nur im Zusammenhang mit Lotte und den so genannten „einfachen" Menschen gelingt),
- die Religion (Werther findet keinen Trost in seinem Glauben. Werther bezieht sich in seinem Denken durchaus auf den traditionellen christlichen Glauben und die Bibel, die Institution Kirche interessiert ihn jedoch nicht),
- die Kunst (Werther hofft im künstlerischen Tun seine Erfüllung zu finden und sich selbst verwirklichen zu können. Er wird sich aber darüber bewusst, dass er Dilettant ist und dass es ihm weder im Schreiben noch im Zeichnen gelingen kann wirklich schöpferisch tätig zu sein),
- die Gesellschaft (Werthers Konflikt besteht in einem Gegensatz zwischen Individuum und Gesellschaft. Werther will einerseits in die Gesellschaft integriert sein, andererseits akzeptiert er auch manche Werte und Normen der gesellschaftlichen Ordnung nicht und wehrt sich gegen gesellschaftliche Zwänge).

▶ **2** Die Mind-Map dient den Schülerinnen und Schüler als Ausgangspunkt für eine genauere Auseinandersetzung mit der Thematik. Die Frage nach dem Grund bzw. den Gründen von Werthers Scheitern führt zu einer Gesamtinterpretation des Romans.

Weitere mögliche Aufgaben:

- Im Unterricht können die Mind-Maps Anlass für eine kontroverse Diskussion sein.
- Unterschiedliche Interpretationsansätze können untersucht werden (z. B. psychologische Deutungsversuche).

Werthers Scheitern

▶ **1** Vervollständigen Sie die Mind-Map.

▶ **2** Prüfen Sie danach, welche Gründe für Werthers Scheitern Ihnen am plausibelsten erscheinen.

Aufbau und Perspektive des Romans

Goethe hat für seinen Roman über Werther die zu seiner Zeit beliebte Briefform gewählt, die übliche Struktur aber künstlerisch variiert. Eine monologische Form ergibt sich dadurch, dass Briefe Werthers eingebaut werden, Antwortbriefe jedoch fehlen. Eingeleitet wird der Roman durch einen kurzen Vorspann, der von Wilhelm geschrieben und an einen fiktiven Herausgeber gerichtet ist. Die Briefe werden chronologisch angeordnet. Die Einteilung in zwei Teile ähnlichen Umfangs ist inhaltlich motiviert durch Werthers Abreise und den Versuch, sich von Lotte zu lösen.
Den zweiten Teil des Romans beschließt der Bericht des fiktiven Herausgebers, in den wiederum Tagebuchseiten und Briefe Werthers eingefügt sind.

▶ **1** Aus dem Schaubild sollte deutlich werden, aus welchen Teilen der Roman besteht (Briefe an Wilhelm, Briefe an Lotte, ein Brief an Albert, Herausgeberberichte, Intertexte) und dass sich der Roman in zwei Teile gliedert.
Reihenfolge:
Erster Teil: → Vorspann: Wilhelm an Herausgeber, → Briefe Werthers an Wilhelm vom 4. Mai 1771 bis 10. September 1771 (Textbuch, S. 7 ff.).
Zweiter Teil: → Briefe Werthers an Wilhelm (Briefe vom 20. Oktober 1771 – 8. Januar 1772; → Brief Werthers an Lotte vom 20. Januar 1772, → Briefe Werthers an Wilhelm vom 17. Februar 1772 – 17. Dezember 1772; → Bericht des Herausgebers an den Leser (Textbuch, S. 64 ff.) (unterbrochen durch die folgenden Einschübe), → Briefe Werthers an Wilhelm (ohne Datum und vom 20. Dezember); → Bericht des Herausgebers; → Brief an Lotte vom 21. Dezember; → Bericht des Herausgebers; → Brief an Lotte (Fortsetzung); → Bericht des Herausgebers; → Auszüge aus dem Ossian; → Brief an Lotte; → Bericht des Herausgebers; → Brief an Lotte; → Brief an Wilhelm, Brief an Albert; → Bericht des Herausgebers; → Brief an Lotte; → Bericht des Herausgebers.

▶ **2** Die Gliederung in zwei Teile, die in ihrer Länge ungefähr gleich sind, entspricht weitgehend einer inhaltlichen Aufteilung, das heißt bestimmten Lebensabschnitten Werthers. Der erste Teil beginnt mit einem Neuanfang Werthers, der sich zunächst in einer gewissen Aufbruchstimmung befindet. Im zweiten Teil ist er erneut geflohen, versucht wieder sein Leben zu verändern, kehrt aber schließlich an den Ausgangspunkt zurück, um vollends zu scheitern.

▶ **3** Der Herausgeber vermittelt die Fiktion von Authentizität. Durch den Herausgeber werden die subjektiven Aussagen Werthers scheinbar objektiviert und die Lesehaltung gelenkt. Bereits zu Beginn wirkt er auf die Einstellung des Lesers gegenüber der Hauptperson Werther ein. Dadurch, dass er schon zu Anfang das Ende verrät, lenkt er die Aufmerksamkeit des Lesers eher auf die Handlung selbst.
Der Herausgeberbericht am Ende entspricht teilweise wörtlich dem Bericht Kestners. Goethe übernimmt den sachlich lapidaren Stil des Juristen Kestner, der im Bemühen um Exaktheit sogar markante Details beschreibt („herausgetriebenes Gehirn", „konvulvisch um den Stuhl herumgewälzten Körper"). Es soll der Eindruck einer versachlichenden Distanz entstehen. Stiluntersuchung: parataktische Reihungen, anaphorische Wiederholungen.

▶ **4** Dem Leser wird nur die subjektive Ich-Perspektive Werthers übermittelt. Dadurch hat der Leser zwar das Gefühl, quasi der Empfänger der Briefe Werthers zu sein und direkt einbezogen und angesprochen zu werden, andererseits fehlt jedoch ein Korrektiv.

Mögliche zusätzliche Aufgabe:
– Analyse des Briefes vom 4.Mai (Textbuch, S. 7 ff.), Herausstellen seiner Funktion als Exposition:
wichtige Themen, Probleme werden bereits angesprochen (Missverständnisse unter Menschen, Gegensatz Stadt/Natur, Gegensatz Wissenschaft/Herz, Umgang mit kleinen Leuten), Vorausdeutungen auf den Handlungsablauf (Fluchtmotiv, unerfüllte Liebe, Tod)

Aufbau und Perspektive des Romans

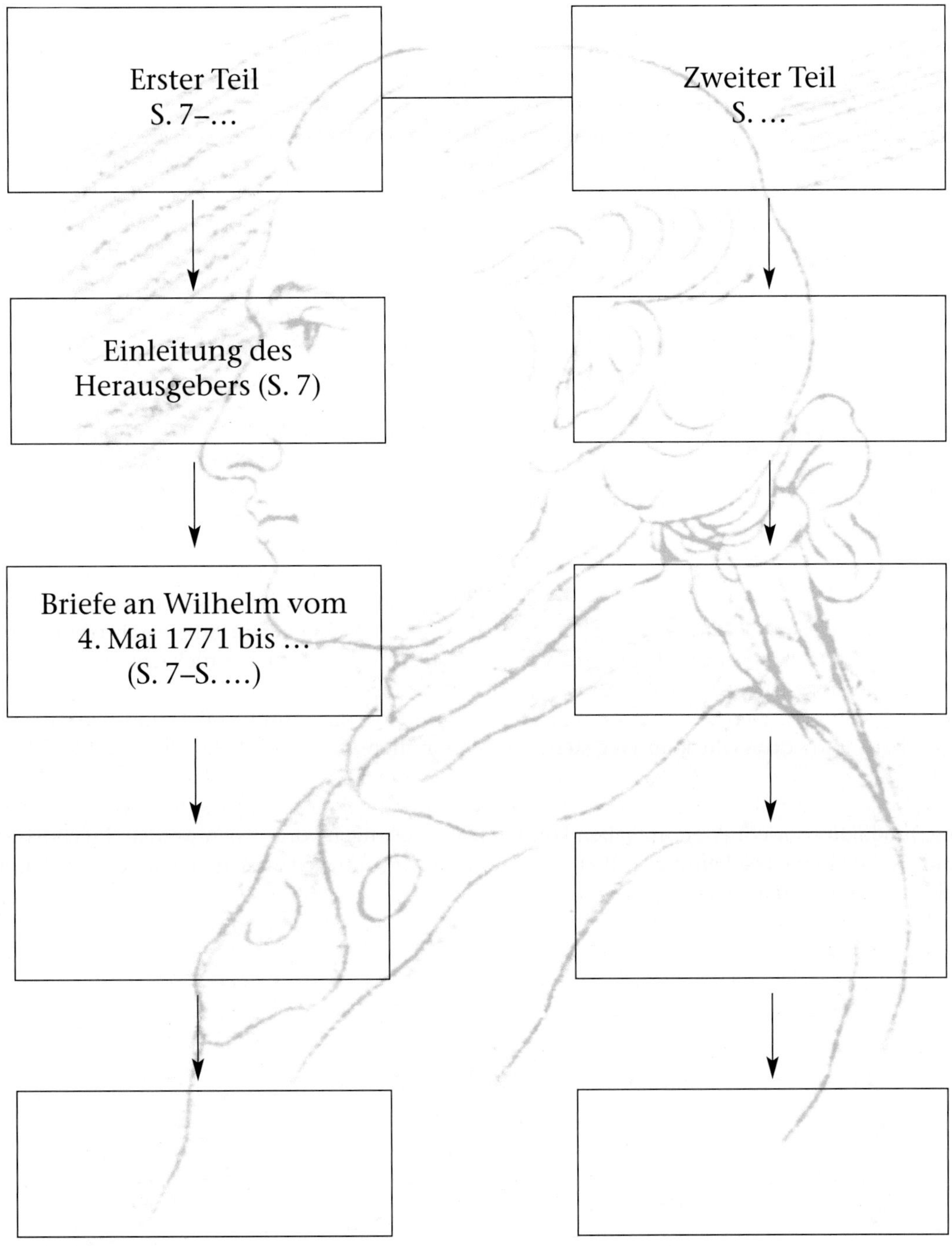

▶ **1** Vervollständigen Sie die Seitenangaben, ergänzen Sie gegebenenfalls weitere Teile und stellen Sie die Teile in die richtige Reihenfolge, sodass eine Strukturskizze des Romans entsteht.

▶ **2** Erläutern Sie, warum Goethe den Roman in zwei Bücher gegliedert hat.

▶ **3** Klären Sie, welche Funktion der Herausgeber und seine Berichte haben.

▶ **4** Welche Wirkung hat die im Roman gewählte Perspektive auf den Leser?

Unterschiede zwischen den Fassungen von 1774 und 1787

Zu einer Veränderung gegenüber der ersten Fassung kam es vor allem wegen der zum Teil erschreckenden Leserreaktionen.
Goethe selbst hatte sich durch seine Tätigkeit in Weimar und seine Beziehung zu Frau von Stein inzwischen verändert. Goethe arbeitete den *Werther* um, als er selbst innerlich gefestigt war und seine Schriften gesammelt herausgeben wollte.
Durch das Voranstellen von Motto-Versen wollte Goethe den Leser beeinflussen und vor Nachahmungen von Werthers Lebensweg bewahren. Es gibt vor allem Glättungen des sprachlichen Ausdrucks; spezifische Wendungen des Sturm und Drang fielen weg. Außerdem gab es Ergänzungen (z. B. Episode vom Bauernburschen, einige Briefe und Aussagen des Herausgebers) und Umstellungen (Textbuch, S. 127 – 150). Außerdem reagierte Goethe auf Kritik an seiner Darstellung von Albert. Goethe beschreibt Albert in der zweiten Fassung sympathischer. Dem Leser wird verdeutlicht, dass Werther das Glück zwischen Albert und Lotte störte. Werther wirkt dadurch noch einsamer und isolierter. Auch der Herausgeber wirkt gegenüber Werther distanzierter und weniger verständnisvoll. „Die psychologische und tragische Gesetzlichkeit erscheint erst in der 2. Fassung in reinster Gestalt, und somit hatte die Dichtung hier ihre vollendete Form erreicht“ *(Erich Trunz in: Johann Wolfgang von Goethe. Werke. Kommentare und Register. Hamburger Ausgabe in 14 Bänden. Bd. 6. München 1977, S. 559)*

▶ **1** Goethe wurde zu diesem Schritt veranlasst, weil es so heftige Reaktionen bis hin zur Nachahmung des Selbstmordes auf den Werther gegeben hatte. Außerdem hatten sich seine eigenen Lebenserfahrungen verändert.

▶ **2** Material: siehe Textbuch, S. 127–150.
Folgende Aspekte können u.a. in die Übersicht eingefügt werden:
- jeweils ein Motto vor das erste und das zweite Buch;
- Einfügung von Briefen (z. B. Episode mit dem Bauernburschen) → Spiegelung zu Werthers Geschichte; Albert wirkt sympathischer; Werther erkennt deutlicher, dass er Alberts und Lottes Glück im Weg steht;
- Umstellung von Briefen → Fortgang der Handlung, psychologische Entwicklung wird deutlicher;
- Veränderungen im Herausgeberbericht → Bericht teilweise in sachlicherem Stil, Beschreibungen der Gefühlsregungen Lottes zurückgenommen;
- Veränderungen in der Sprache → sprachliche Besonderheiten des Sturm und Drang teilweise herausgenommen.

▶ **3/4** Für diese produktionsorientierten Aufgaben können keine Lösungen vorgegeben werden. Ergebnisse aus den Aufgaben 1 und 2 sollen in die Bearbeitung einfließen. Es sollte auf Stimmigkeit zwischen den Beantwortungen bzw. Bearbeitungen der einzelnen Teilaufgaben geachtet werden.

Unterschiede zwischen den Fassungen von 1774 und 1787

Jeder Jüngling sehnt sich so zu lieben,
Jedes Mädchen so geliebt zu sein;
Ach, der heiligste von unsern Trieben,
Warum quillt aus ihm die Pein?
(Erster Teil)

Du beweinst, du liebst ihn, liebe Seele,
Rettest sein Gedächtnis von der Schmach;
Sieh, dir winkt sein Geist aus seiner Höhle:
Sei ein Mann, und folge mir nicht nach.
(Zweiter Teil)

Goethe stellte in der 2. Fassung des Romans vor das erste und zweite Buch je ein Motto (vgl. Textbuch, S. 127).

▶ **1** Überlegen Sie, was Goethe zu diesem Schritt veranlasste.

▶ **2** Listen Sie weitere Unterschiede zwischen der ersten und zweiten Fassung auf und geben Sie die beabsichtigte Wirkung der Änderungen an.

Änderung gegenüber der ersten Fassung	**Beabsichtigte Wirkung**
Motto vor dem ersten und zweiten Buch	
Hinzufügen von ...	

▶ **3** Stellen Sie sich vor, Sie sind Lektorin oder Lektor eines Verlages. Ihr Verlag plant eine neue Ausgabe von *Die Leiden des jungen Werthers*.
a) Entscheiden Sie sich für eine der Fassungen.
b) Begründen Sie Ihre Meinung in einem Schreiben an die Verlagsleitung.

▶ **4** Schreiben Sie selbst Mottos für den ersten und zweiten Teil des Romans.

Briefroman

Im Zusammenhang mit dem Briefkult in der Epoche der Empfindsamkeit wurde auch das Genre des Briefromans populär.
Richardsons Briefromane, z. B. *Pamela or Virtue Rewarded* (1740); *Clarissa Harlowe* (1747/48), wurden Vorbild für zahlreiche ähnliche Romane. Besonders bekannt waren Rousseaus *Nouvelle Héloïse* (1759) und La Roches *Das Fräulein von Sternheim* (1771).

Goethes *Die Leiden des jungen Werthers* unterscheidet sich von all diesen Vorgängern durch seine monologische Form. Alle Briefe Werthers sind an seinen Freund Wilhelm gerichtet, Antworten von ihm werden dem Leser nicht direkt mitgeteilt, sondern können höchstens indirekt durch die Briefe Werthers erschlossen werden.

▶ **1** Die Schülerinnen und Schüler knüpfen hier zunächst an ihren eigenen Erfahrungsbereich an. Es wird sich zeigen, dass sich die traditionellen Auffassungen sicherlich verändern und keine allgemeinen Zuordnungen mehr getroffen werden können, wie z. B. eine Liebeserklärung macht man per Brief, auf keinen Fall per SMS-Nachricht. Unterscheiden müssen wird man aber dennoch zwischen dem privaten und dem geschäftlichen Bereich. Im geschäftlichen Bereich sind für bestimmte Themen noch immer Form und Inhalt von Nachrichten festgelegt. Selbst für den Umgang mit Nachrichten im Netz gibt es inzwischen Regeln (die so genannte „Netiquette“).

▶ **2** Folgende erzählerische Möglichkeiten durch die Abfassung eines Romans als Briefroman sollten genannt werden:
- Der Roman wirkt authentisch.
- Der Leser wird quasi zum Empfänger der Briefe und somit in das Romangeschehen einbezogen.
- Briefe können gut die Stimmung des Schreibenden wiedergeben.
- Die subjektive Perspektive ermöglicht dem Leser Einblicke ins Innenleben. Es besteht eine enge Verknüpfung von Form und Inhalt.

▶ **3** Die Schüler können sich in Literaturlexika oder Sachwörterbüchern informieren.
Mögliche Antworten:
- Der Roman ist monologisch.
- Die Form des Romans ähnelt in vielen Passagen eher einem Tagebuch.
- Es gibt keinen Dialog mit einem anderen Briefpartner.
- Es wird nur die Perspektive Werthers vermittelt. Wilhelms Meinung wird allenfalls indirekt mitgeteilt.
- In *Die Leiden des jungen Werthers* ist ein Mann die empfindsame Person.
- Durch den Herausgeber und genaue Datenangaben wird die Fiktion der Authentizität hergestellt.

Mögliche weitere Aufgaben:
Referate:
- über Pietismus/Empfindsamkeit
- über andere Briefromane

Briefroman

▶ **1** Geben Sie bei jedem der abgebildeten Kommunikationsmittel an, für welchen Adressaten und für welche Form von Nachrichten Sie es verwenden.

▶ **2** Welche Wirkung hat die Gestaltung eines Romans als Briefroman?

▶ **3** Informieren Sie sich über Formen des Briefromans. Welche Besonderheiten weist Goethes Roman auf?

Prinzip der wiederholten Spiegelungen

Im Roman sind alle Personen, Motive und Begebenheiten auf die Hauptperson Werther bezogen.
Da für den Leser die Fiktion entstehen soll, dass alles aus der Sicht Werthers wahrgenommen wird, wird auch alles von ihm eingeordnet und bewertet. Personen, Motive oder Episoden in der Nebenhandlung können somit als Spiegelungen oder Gegenbilder von Werthers Schicksal angesehen werden. Goethe verstärkt diese Tendenz noch in der 2. Fassung, indem er beispielsweise die Episode mit dem Bauernknecht einbaut. Häufig sind die Spiegelungen und Parallelen so angelegt, dass im ersten Teil des Romans von etwas Positivem berichtet wird, das sich dann im zweiten Teil zum Negativen verändert (z. B. das Schicksal der Tochter des Schulmeisters).

▶ **1** Zur Vervollständigung können z. B. genannt werden: der Blumensammler, das Fräulein von B., die Tochter des Schulmeisters, literarische Texte (Homer, Ossian, Emilia Galotti), Bäume, Brunnen, Musik, Schleifen.

▶ **2 Blumenpflücker:** Werther setzt den Zustand des Irren mit dem seinen gleich. Er beneidet und bemitleidet den Kranken gleichzeitig. Durch diese Parallelhandlung wird ihm die Unausweichlichkeit seines eigenen Schicksals deutlich.
Fräulein B.: Werther entdeckt Ähnlichkeiten mit Lotte an ihr, sie erscheint ihm als einzige fühlende Seele am Hof.
Die Tochter des Schulmeisters: Ihr Schicksal spiegelt die negative Entwicklung in Werthers eigenem Leben.
Homer: Die erwähnten Texte vermitteln für Werther den Eindruck einer Idylle. Er findet Anklänge an die patriarchalische Ordnung Homers in seiner Umgebung.
Ossian: Die Gesänge Ossians spiegeln Werthers düstere Stimmung wider. Das Todesmotiv durchzieht diese Texte. Werther gelingt es durch das Vorlesen der Texte Lotte zu rühren und in eine Stimmung zu versetzen, die seiner eigenen entspricht.
Pistolen: Die erste Erwähnung dieses Motivs erfolgt etwa in der Mitte des Buches (Brief vom 12. 8. 1771, Textbuch, S. 47 f.) und erlaubt dem Leser somit sowohl einen Rückblick wie auch einen Ausblick auf die Entwicklung Werthers.
Die **Nussbäume** sind Teil der von Werther ersehnten Idylle (Brief vom 1. 7. 1771, Textbuch, S. 32 ff.). Im zweiten Teil des Romans sind sie abgeholzt (Brief vom 15. 9. 1772, Textbuch, S. 82).
Auch die **Lindenbäume** und die Frau unter den Lindenbäumen mit ihrer Geschichte (Brief vom 26. 5. 1771, Textbuch, S. 16; Brief vom 9. 5. 1772, Textbuch, S. 77; Abschiedsbrief, Textbuch, S. 121) verweisen auf Werthers Schicksal.

▶ **3** Die einzelnen Ergebnisse sollen von den Schülerinnen und Schülern in einem Text unter dem Titel **Die Funktion des Prinzips der wiederholten Spiegelungen in *Die Leiden des jungen Werthers*** zusammengefasst und erörtert werden. Es soll dabei verdeutlicht werden, dass Goethe den Roman so aufgebaut hat, dass sich viele Motive und eingebaute Geschichten auf die Hauptfigur Werther beziehen lassen.
Dadurch wird die subjektive Sichtweise des Protagonisten verdeutlicht: Werther bezieht alles auf sich, nimmt nur das wahr, das für ihn und seine jeweilige Stimmung Bedeutung hat. Durch die sich wiederholenden, aber immer leicht veränderten Motive wird der Fortgang der Handlung verdeutlicht oder antizipiert. Die Geschichten oder Motive kommen meistens schon im ersten Teil des Romans vor und Werther verbindet mit ihnen positive Emotionen. Im zweiten Teil des Romans wendet sich dann, parallel zur Handlung und Werthers Stimmung, alles ins Negative.

Prinzip der wiederholten Spiegelungen

Motive/Episoden/ Personen	**Textstelle**	**Funktion**	**Bemerkung**
I. Personen			
Der Blumenpflücker	30.11.1772 (S. 91 ff.)	verweist auf Werther, Antizipation	Zustand des Wahns wird als Glück angesehen, Werther beneidet den Blumenpflücker um die Verwirrung der Sinne.
	1.12.1772 (S. 93 ff.)		
II. Motive			
Pistolen	12.8.1771 (S. 47 f.)		
Bäume			

▶ **1** Vervollständigen Sie die Tabelle. Suchen Sie nach weiteren Motiven oder Personen, die mehrfach genannt werden.

▶ **2** Geben Sie die Funktion an der jeweiligen Textstelle an. Überlegen Sie dann, welchen Bezug diese Motive jeweils zu Werther haben.

▶ **3** Fassen Sie die Ergebnisse aus der Übersicht in einem Text unter dem Titel „Die Funktion des Prinzips der wiederholten Spiegelungen in *Die Leiden des jungen Werthers*" zusammen.

Intertexte

Werther erwähnt in seinen Briefen einige literarische Werke. Die Funktion dieser Intertexte ist vielfältig. Goethe erwähnt zum einen direkt oder indirekt Literatur, von denen die Stürmer und Dränger begeistert waren (Oliver Goldsmith: *Der Pfarrer von Wakefield*).
Werther präsentiert sich hierdurch als Leser, wobei Goethe wohl beabsichtigte, Werthers Art der Rezeption von Literatur auch als eine für den Werther-Roman zu empfehlende vorzustellen. Werther identifiziert sich mit Personen oder Stimmungen dieser Werke und sucht nach Parallelen zwischen seinem und dem in der Literatur dargestellten Leben. Insofern gehören die Texte auch zum Bereich der wiederholten Spiegelungen. Die jeweilige Lektüre Werthers verweist auf seinen Gemütszustand. Eine weitere Funktion besteht darin, innerhalb des Romans Lotte und außerhalb des Romans den Leser in eine bestimmte Stimmung zu versetzen.
Homer liest Werther zu Zeiten, in denen er sich mit sich selbst noch im Einklang befindet. Diese Lektüre wird abgelöst durch die Ossian-Texte. Werthers Zustand hat sich inzwischen verändert, in diesem Werk spiegelt sich die Verdüsterung seiner Stimmungslage wider. Bei den Texten Ossians handelt es sich um eine kunstvolle Literaturfälschung von James Macpherson, die zur Zeit der Entstehung des *Werther* noch als Originaltext galt.
Goethe hatte den Text in Straßburg selbst übersetzt. Inhaltlich ist der Text schwer zu fassen, der vor allem von ineinander verwobenen Klagen von Männern und Frauen ohne einen verbindenden erzählerischen Zusammenhang handelt.
Die Einfügung von Texten Ossians stellt einen besonderen Kunstgriff dar. Einerseits versetzt das Vorlesen des Textes Werther und Lotte in eine bestimmte Gemütslage, die sie zusammenführt, andererseits antizipieren die vorkommenden Themen Leid, Abschied und Tod die weitere Entwicklung in der Romanhandlung.
Werther liest im ersten Teil häufiger Homer, wobei er besonders die Textstellen mit Darstellungen der patriarchalischen Gesellschaft als vermeintliche Idylle erwähnt. Bibelzitate werden stets in Zusammenhang mit Werther selbst angewandt.

▶ **1** Bei Homer liest Werther hauptsächlich idyllische Textstellen. Seine Gemütsverfassung beim Lesen ist überwiegend ausgeglichen. Werthers Verhältnis zum Text ändert sich im zweiten Teil des Romans. Homer wird „aus seinem Herzen verdrängt“ (S. 84_1). Stattdessen wendet sich Werther der Lektüre der Ossian-Texte zu, die sowohl vom Inhalt als auch von der Stimmung her besser zu seiner veränderten Gemütslage passen.

▶ **2–4** Der Sprachstil des Ossian-Textes wirkt fremd. Dies wird vor allem hervorgerufen durch sehr knappe, hart klingende Hauptsätze. Es gibt kaum verbindende oder erklärende Satzteile. Durch die düsteren, unheilvollen Inhalte, die kaum verständlich unverbunden nebeneinander stehen, wird dieser Eindruck beim Leser bzw. Zuhörer noch verstärkt.

▶ **5** Das Vorlesen des Textes durch Werther ist ein gefühlsmäßiges Signal für Lotte. Sie spürt, in welcher Not sich Werther befindet und dass die Klagen und Hinweise auf den Tod im Ossian-Text auf Werther selbst zu beziehen sind. Lotte lässt sich in dieser Situation von ihren Gefühlen mitreißen, sodass es im Moment des Abschiednehmens zu einer Annäherung zwischen ihr und Werther kommen kann.

Intertexte

Corbis Images

Homer

Musée Ingres, Montauban, Frankreich

Die Lieder des Ossian
Ölgemälde von J. A. D. Ingres (1813)

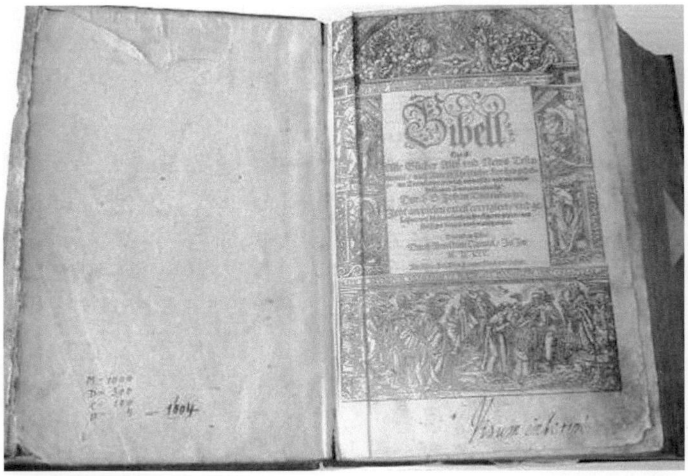

Christian Stanek

Dietenberg-Bibel (1604)

Emilia Galotti.

Ein Trauerspiel
in
fünf Aufzügen.
Von
Gotthold Ephraim Lessing.

Berlin
bey Christian Friedrich Voß, 1772.

Archiv für Kunst und Geschichte, Berlin

Titelseite der Erstausgabe (1772)

▶ **1** Erklären Sie die Bedeutung dieser literarischen Figuren und Werke für Werther.
- Untersuchen Sie zunächst die entsprechenden Textstellen.
- Geben Sie an, in welcher Situation Werther die Texte liest oder erwähnt.
- Prüfen Sie, ob sich Werthers Einstellung zu den Texten ändert.

„Ossian hat in meinem Herzen den Homer verdrängt.“, so schreibt Werther am 12. Oktober (Textbuch, S. 84).

▶ **2** Beschäftigen Sie sich mit dem *Ossian*-Auszug, den Werther kurz vor seinem Tod Lotte vorliest (Textbuch, S. 106 ff.):
a) Tragen Sie den Text laut vor.
b) Wie wirken Sprache und Inhalt auf Sie?
c) Belegen Sie Ihre Einschätzung mit Textzitaten.
d) Welche Wirkung hat die *Ossian*-Lektüre auf Lotte und Werther? Beschreiben Sie.

▶ **3** Überlegen Sie, welcher Text, welches Medium heute auf junge Menschen so wirken könnte wie *Ossian* auf Lotte und Werther.

Zeitgenössische Kritik am Roman

Anhänger des Sturm und Drang waren von *Die Leiden des jungen Werthers* begeistert. Der Roman erfüllte all ihre Vorstellungen von etwas Neuem in der Literatur. Sie identifizierten sich mit der Hauptfigur (Schubert, Heine, Lenz, Bürger).

Von den Aufklärern wurde der Roman eher abgelehnt (Lessing, Lichtenberg, Nicolai). Sie kritisierten vor allem, dass die Haltung der Hauptperson völlig überspannt und übertrieben sei. Werthers Exzentrik wurde kritisiert, da sie nicht dem Vernunftglauben entsprach.

Geradezu verdammt wurde der Roman durch orthodoxe Kirchenvertreter (Goeze, Ziegra). Der *Werther* wurde als Verspottung der Religion angesehen. Als besonders zu verurteilen galt die Rechtfertigung des Selbstmords durch Werther im Roman. Diese Haltung führte sogar an mehreren Orten zu Druckverboten und Einziehungen bereits vorliegender Exemplare.

▶ **1** Tabus, mit denen der Roman bricht.

a) Auf der inhaltlichen Ebene:
- ein Mann als empfindsame Person,
- Darstellung von Leidenschaften im Roman,
- Darstellung einer leidenschaftlichen Beziehung außerhalb der Ehe, Selbstmord.

b) In Bezug auf literarische Traditionen:
- Behandlung einer Tragödie im Roman,
- monologische Form des Briefromans,
- Sprachstil.

▶ **2** Der Hamburger Hauptpastor Johann Melchior Goeze, Lessings Gegner im Fragmentenstreit, kritisiert den Inhalt und die mögliche Wirkung des Romans heftig. Goetze argumentiert als Theologe. Er sieht, dass im Roman der Selbstmord toleriert wird, was er als Kirchenvertreter nicht dulden kann. Bestätigt sieht sich Goeze erst recht, als es zu Nachahmungen kommt. Damit hat sich der Roman für Goetze als schlechtes und somit als zu verurteilendes Werk erwiesen. Für Jugendliche habe das Werk keinen Vorbildcharakter und müsse daher verboten werden. Dass Werther sich in eine Ehe einmischt, verurteilt er mit Bibelzitaten.

▶ **3** Der anonyme Autor ist vom Roman begeistert und lobt vor allem die gelungene Charakterzeichnung von Werther. Der Charakter und die Handlung seien so dargestellt, dass der Verlauf der Romanhandlung für den Leser einsichtig wird und er gefühlsmäßig eingebunden ist. Der Autor nimmt auch Stellung zu Vorwürfen gegenüber dem Roman. Nachahmungen des Selbstmords könnten nicht durch die Lektüre, sondern nur durch bestimmte Lebensumstände und Krankheiten hervorgerufen werden. Zudem distanziere sich ja auch der Herausgeber im Roman von Werther.

Zeitgenössische Kritik am Roman

Johann Melchior Goeze

[...] Einem jeden Christen, der für das Wort des Heilandes „Ich sage euch, wer ein Weib anstehet, ihrer zu begehren, der hat schon die Ehe mit ihr gebrochen in seinem Herzen." (Matth. 5,28) noch einige Ehrerbietung hat, der die Worte des heiligen Johannes „Wir wissen, daß ein Totschläger nicht hat das ewige Leben bei ihm bleibend." (i. Joh. 5,15) als einen Lehrsatz ansiehet, welcher sich auf ein unveränderliches Urteil unsers allerheiligsten und allerhöchsten Richters gründet, muß notwendig das Herz bluten, wenn er „Die Leiden des jungen Werthers" lieset ... Man bedenke um Gottes willen, wie viele unsrer Jünglinge mit Werthern in gleiche Umstände geraten können und solches insonderheit in der gegenwärtigen Epoche, da es als höchste Weisheit angesehen wird, junge Seelen nicht sowohl durch Gründe der Religion in eine recht christliche Fassung zu setzen als vielmehr dieselben mit lauter phantastischen Bildern anzufüllen und die Empfindungen in ihnen weit über ihre Grenzen hinaus zu treiben. [...]

Johann Melchior Goeze in: Freiwillige Beiträge zu den Hamburgischen Nachrichten aus dem Reiche der Gelehrsamkeit (4. April 1775).
In: Johann Wolfgang Goethe. Werke. Kommentare und Register. Hamburger Ausgabe in 14 Bänden.
Bd. 6. München 1977, S. 526–527

Anonyme Rezension

[...] Dieses Buch gehört unter diejenigen, die dem ganzen Publikum schon bekannt sind, ehe sie irgend ein Rezensent ankündigen kann. Durch seine Vortrefflichkeit verdiente das freilich dieser kleine Roman. Allein es sind noch andere Umstände hinzugekommen, die die Neugier des ganzen lesenden Deutschlands von einem Ende bis zum ändern nach diesem Buche so erstaunlich rege gemacht haben, als es seit langer Zeit bei keinem anderen geschehen ist ... Der Hauptvorzug dieses Romans besteht in der vollkommnen Bearbeitung des Charakters der Hauptperson, der so ein Ganzes ausmacht..., daß man sich kein wahreres und nach der Natur getreuer gezeichnetes Bild eines menschlichen Charakters vorstellen kann. Die Schlußkatastrophe, worauf alles abzweckt, entspringt nicht nur natürlich aus dem Charakter und läßt sich wohl damit zusammenreimen — das findet man in mehren Romanen und Gedichten — hier aber (und dazu gehört gewiß ein besonderes Genie) sieht man, daß es unmöglich ist, daß die Katastrophe nicht erfolge. Kurz, „Die Leiden des jungen Werthers" sind die allervortrefflichste Erläuterung durch ein Beispiel von dem Satze: Die Menschen werden zu ihren jedesmaligen Handlungen durch die zusammengesetzte Wirkung der Umstände und ihres Charakters unwiderstehlich bestimmt... Die Kunst, womit der Hauptcharakter angelegt ist, so, daß er bei vielen Fehlern höchst interessant bleibt, die Energie des Ausdrucks, die frappanten Gedanken, die Werthers eigentümliche Art, die Dinge der Welt zu betrachten, an unzähligen Orten hervorbringt — das alles sind Dinge, die gewiß keinem Leser von Gefühl entgangen sind... Wir wollen dafür zwo Klagen erörtern, die man gegen das Buch gefühlt hat; erstlich, daß es gefährlich sei, indem es den Selbstmord lehre und dazu anreize; zweitens, daß der Verfasser Unrecht getan hat, eine gewisse wahre Geschichte zum Grunde seines Werks zu legen... Ein Buch sei deswegen gefährlich, weil es zum Selbstmord ermuntere. .. 0 , man braucht gewiß nicht zu besorgen, daß diese Sünde jemals unter den Menschen Mode werde, dafür hat die Natur wohl gesorgt. In der Tat, es gehören besondre Umstände, eine ganz besondre, einem Krankheitszustande sehr ähnliche Gemütsbeschaffenheit dazu... Und so eine Gemütsbeschaffenheit bringt kein Buch hervor... Zudem lobt und verteidigt der Verfasser nirgend seines Helden Tat. . . Noch unbilliger erscheint uns die zwote gegen denselben erregte Klage ... Es ist dies so wenig das Bild des bewußten Jünglings, als der Roman dessen Geschichte enthält. Einige Umstände sind daher genommen, die Schilderung einiger Örter gleicht denen, wo die Geschichte sich zugetragen hat. Das hat hirnlosen Anekdotenjägern Gelegenheit gegeben, in die Welt zu schreien: „Die Leiden des jungen Werthers" ist die Geschichte von dem und dem. Es ist hart, wenn das nicht diesen Anekdotenjägern, sondern dem Verfasser zur Last gelegt werden soll. Jene muß man schelten, nicht ihn. [...]

Anonyme Rezension in: Auserlesene Bibliothek der neuesten deutschen Literatur. Lemgo, 1775.
In: Johann Wolfgang Goethe. Werke. Kommentare und Register. Hamburger Ausgabe in 14 Bänden.
Bd. 6. München 1977, S. 527–528

▶ **1** Listen Sie auf, mit welchen Tabus der Roman bricht.

▶ **2** Geben Sie mit eigenen Worten wieder, was Pfarrer Goeze am Roman kritisiert.

▶ **3** Vergleichen Sie Goezes Ansichten mit denen des anonymen Autors.

Zeitgenössische Rezeption: Werther-Fieber und Wertheriaden

Der *Werther* war bereits zu Lebzeiten Goethes ein Bestseller. Innerhalb kürzester Zeit wurde der Roman bekannt und bald in alle europäischen Sprachen übersetzt. Seine Wirkung bei der Anhängerschaft war außerordentlich: Man sprach überall über den Werther, kleidete sich wie er, man benutzte als Parfum ein Eau de Werther und trank aus Werther-Tassen. Bald gab es auch Gedichte über den *Werther* und unzählige Werther-Nachahmungen. Mit die bekannteste Parodie über den Werther stammt von Friedrich Nicolai. In den *Freuden des jungen Werthers* kommt es für Werther zu einem Happy-End: Albert verzichtet auf Lotte, Werther heiratet sie.

▶ **1** Bald nach Erscheinen des Romans brach geradezu ein Werther-Fieber aus. Junge Leute machten Werthers Kleidung zur Mode. Goethe selbst kleidete sich als erster wie seine Romanfigur. Die „Werther-Tracht" bestand aus einem blauen Rock mit gelben Knöpfen, gelber Kniehose, Stiefeln mit braunen Stulpen und einer gelben Weste. Auch Lottes Bekleidung wurde nachgeahmt (weißes Kleid mit blassroten Schleifen) und in Modejournalen empfohlen.
Erst in der zweiten Hälfte des 18. Jahrhunderts nahm die Mode des englischen Bürgertums Einfluss auf die europäische Modeentwicklung und löste die aufwändige französische Mode ab (französische Mode: Stoffe aus Samt, Seide, Brokat; eng anliegende Überröcke, so genannte „Justaucorps" mit breiten Ärmelaufschlägen; kostbare Spitzenhemden, um den Hals geschlungene Spitzentücher). Modern an Werthers Kleidung war die Farbzusammenstellung, denn für bürgerliche Kleidung wurden sonst gedeckte Farben bevorzugt. Die Kniehosen waren aus Leder, sonst wurden üblicherweise Wollstoffe benutzt. Statt Stiefeln trug man normalerweise Schnallenschuhe. Stiefel galten als ausgesprochen modern. Werther trägt somit zum einen die neue englische Mode, gibt dieser aber noch einen individuellen Stil.

▶ **2** Der *Werther* war der erste Roman, den man als „Bestseller" bezeichnen könnte. Schon damals fand eine Vermarktung von Produkten mit Werther-Motiven statt. Ideen für ein heutiges „Merchandising": Werther-Film, Werther-Comic, Werther-Computerspiel, Werther-Magazine, Werther-Kleidung, Werther-Motive auf Füllern, Ringbüchern usw., Werther-Party, CD-ROM mit passenden Werther-Liedern.

▶ **3** Zahlreiche Parodien über den *Werther* wurden geschrieben. Eine der bekanntesten ist die von Nicolai, in der er zahlreiche Motive aus Goethes *Werther* übernimmt, seiner Erzählung jedoch einen lustigen, manchmal satirischen Stil verteilt. Insbesondere die Hauptfigur Werther wird verändert. Werther wird bei Nicolai als völlig exaltiert dargestellt und teilweise in seinem Verhalten lächerlich gemacht. Albert hat bei Nicolai die Pistolen präpariert, um Werther eine Lehre zu erteilen. Die Geschichte endet natürlich auch mit einem Happy-End: Werther darf Lotte heiraten.

Weitere mögliche Aufgaben:
Die Schülerinnen und Schüler suchen sich eine Textstelle aus, die sie selbst mit parodistischen Stilmitteln umschreiben.

Zeitgenössische Rezeption: Werther-Fieber und Wertheriaden

Goethe-Museum, Düsseldorf

Werther am Schreibpult, die Pistolen in der Hand. Aquarell von einem unbekannten Zeitgenossen

[...] Indem kam der Knabe, der Werthers Zettelchen brachte, worin er Alberten um die Pistolen bat. Albert las den Zettel. Murmelte vor sich: «Der Querkopf!», ging in sein Zimmer, ergriff die Pistolen, lud sie selbst und gab sie dem Knaben- «Da! Bring sie», sagt' er, «deinem Herrn. Sage ihm, er soll sich wohl damit in acht nehmen, sie wären geladen. Und ich ließe ihm eine glückliche Reise wünschen.» Lotte staunte – Albert erklärte ihr nun weitläufig, er gebe nach reifer Überlegung alle Ansprüche an sie auf. Er wolle eine zärtliche wechselseitige Liebe nicht stören. Er wolle sie beide und sich selbst nicht unglücklich machen. Aber er wolle ihr Freund bleiben. Er wolle selbst *Werthers* wegen sogleich an ihren Vater schreiben, das solle sie auch tun und Werthern eher nichts sagen, bis sie Antwort erhalten habe. *Lotte,* nach vielen Umschweifen, nach vieler weiblicher Zurückhaltung, gestand ihre herzliche Liebe zu Werthern, nahm Alberts Vorschlag dankbar an und ging in ihr Zimmer, um zu schreiben. Im Weggehen kehrte sie noch um und äußert' eine ängstliche Besorgnis wegen der Pistolen.«Sein Sie ruhig, Kind! Wer sich von seinem Nebenbuhler Pistolen fordert, erschießt sich nicht. Und wenn er allenfalls...» So schieden sie voneinander. Werther erhielt indessen die Pistolen, setzt' eine vor den Kopf, drückte los, fiel zurück auf den Boden. Die Nachbarn liefen zu, und weil man noch Leben an ihm verspürte, ward er auf sein Bette gelegt. Indessen wurden Werthers zwei letzte Briefe an Lotten und der Brief an Alberten dem letztem gebracht, und zugleich erscholl die Nachricht von Werthers trauriger Tat. Albert ließ dieselbe vor Lotten verbergen, las die sämtlichen Briefe und ging ungesäumt nach Werthers Wohnung. Er fand ihn auf dem Bette liegend, das Gesicht und das Kleid mit Blut bedeckt. Er hatte eine Art von Konvulsionen gehabt, und nun lag er ruhig mit stillem Röcheln. Die Umstehenden traten weg und ließen beide allein. Werther hob die Hand ein wenig empor und bot sie Alberten. «Nun triumphiere», sagt' er, «ich bin nun aus deinem Wege!» «Ich komme nicht zu triumphieren», sprach Albert ruhig, « sondern dich zu bedauern und, wenn's möglich ist, dich zu trösten. Aber du bist rasch gewesen. Werther...» Werther stieß, für einen so Hartverwundeten beinahe mit zu heftiger Stimme, viel unzusammenhängendes *garstiges Gewäsche aus zum Lobe des süßen Gefühls der Freiheit, diesen Kerker zu verlassen, wenn man –will*
A.: Dies ist, lieber Werther, ebenso wie die Freiheit, dies Glas zu zerbrechen, eine Freiheit, der man sich nicht bedienen muss, weil sie nicht nützt, sondern schadet. W.: Heb dich von mir, vernünftiger Mensch! Du bist zu kaltblütig, so einen Entschluß auch nur von fern zu denken! A.: Ja freilich, so kaltblütig bin ich, und dabei ist mir recht wohl zumute! Meinst etwa, 's wäre 'n edler großer Entschluß? Bild'st dir ein, 's wäre Kraft und Tat drin? Geh! Bist 'n weichlicher Zärtling. Kannst aus der Mutter Natur Schublade, wenn's dir gefällt, nicht eben Zuckerwerk gnug naschen, so willst gleich aus 'r Haut fahren, denkst, sie gibt dir nie wieder Zucker. W.: 0 des weisen Vemünftlers! Und doch weißt du's, Mensch, 's war keine Hülfe da. Ich konnte nicht besitzen, was ich liebte. Und nun – er schlug die Hand übers Gesicht –, was kümmert mich Welt und Natur. A.: *Armer Tor, der du alles so geringachtest, weil du so klein bist!* Konntst nicht? 's war keine Hülfe da? Könnt' nicht ich, der ich dich liebe, weil ein braver Junge bist, dir Lotten abtreten? Fass 'n Mut, Werther! 'ch will's noch itzt tun. *Werther* richtete sich halb auf: «Wie? Was? Du könntest, du wolltest! – Schweig, Unglücklicher! – dein' Arznei ist Gift. – Denn was hilft's?» – Er sank wieder zurück. «Nein! 's ist auch nichts. – Du bist ein Boshafter. -Wer kalt ist, ist boshaft. – Hast dir's *abstrahiert,* wie du mich bis aufs Ende quälen willt.» A.: Guter Werther, bist 'n Tor! Wenn doch kalte Abstraktion nicht klüger wäre als versengte Einbildung. – Da, lass dir's Blut abwischen. Sah ich nicht, dass du 'n Querkopf warst und würdst deinen bösen Willen haben wollen? Da lud ich dir die Pistolen mit 'ner Blase voll Blut, 's von 'em Huhn, das heute abend mit Lotten verzehren sollt. Werther sprang auf: «Seligkeit... Wonne...» usw. -Er umarmte Alberten. Er wollte es noch kaum glauben, daß sein Freund so großmütig gegen ihn handeln könne. [...]

Nicolai, Christoph Friedrich: Freuden des jungen Werthers (1775)

▶ **1** Bald nach dem Erscheinen des Romans brach geradezu ein Werther-Fieber aus. Junge Leute machten Werthers Kleidung zur Mode.
Informieren Sie sich über die Mode zu Beginn des 18. Jahrhunderts. Stellen Sie fest, was an Werthers Kleidung modern war.

▶ **2** Der *Werther* war zu seiner Zeit ein Bestseller. Entwickeln Sie Ideen, wie man den Roman heute vermarkten könnte.

▶ **3** Zahlreiche Parodien über den *Werther* wurden geschrieben. Eine der bekanntesten ist die von Nicolai. Vergleichen Sie den Ausschnitt aus Nicolais Parodie mit dem Schluss von Goethes Roman. Zeigen Sie Veränderungen im Handlungsablauf und die parodistischen Stilmittel auf.

Heutige Rezeption: Ulrich Plenzdorf *Die neuen Leiden des jungen W.*

Literaturhinweis:
Ulrich Plenzdorf: *Die neuen Leiden des jungen W.* Frankfurt am Main 2004 (= Suhrkamp BasisBibliothek 39)
dazu: Unterrichtsvorschläge und Kopiervorlagen. Berlin: Cornelsen 2009 (= LiteraMedia 978-3-464-61445-7)

Plenzdorf schrieb zunächst ein Skript für einen Film, der nicht realisiert wurde. Daraus entstand zuerst ein Theaterstück (Uraufführung 1971), danach eine Prosafassung (1973). Es gibt einerseits viele Parallelen zum *Werther* (Fluchtmotiv, Scheitern im Beruf, unerfüllte Liebesbeziehung, Ähnlichkeiten im Aufbau, subjektive Erlebnisperspektive), andererseits ist der Roman auch Gegenstand in Plenzdorfs Text.

▶ **1** Edgar Wibeau kennt Goethe offensichtlich überhaupt nicht und zeigt daher keinerlei Respekt vor dem Klassiker. Er liest den Text also völlig unbefangen und zwar so, als handelte es sich um ein zeitgenössisches Werk. Edgar sieht nicht die Entstehungszeit des Romans und versteht daher auch das Verhalten Werthers nicht.

▶ **2** Parallelen liegen im Fluchtmotiv, in Edgars Liebe zu Charly und in einigen Gestaltungsprinzipien (Edgar spricht Nachrichten für seinen Freund auf Tonband). Edgar versucht aber ganz besonders in seinem Beruf Erfüllung zu finden. Er kommt durch einen Unfall ums Leben und bringt sich nicht absichtlich um.

▶ **3** Informationen über die damalige gesellschaftspolitische Situation in der DDR finden sich etwa in Lexika, Geschichtsbüchern oder Informationsschriften der Bundeszentrale für politische Bildung.

▶ **4** Goethes Roman gehörte in der DDR zur empfohlenen Lektüre, wohingegen Plenzdorfs respektloser Umgang mit diesem Klassiker heftig kritisiert wurde. Die Hauptfigur Edgar Wibeau entsprach mit ihrem Bestreben nach Individualismus und Subjektivität keineswegs dem idealen Menschen- und Jugendbild des Sozialismus. Mit seinem Verhalten und seinem äußeren Erscheinungsbild erinnerte Edgar eher an einen Jugendlichen aus dem Westen, was natürlich nicht gutgeheißen werden konnte.

Weitere mögliche Aufgaben:
- Vergleich von Filmskript (vgl. S. 42) und Prosafassung
- Untersuchen von Kritiken aus der DDR an Plenzdorfs Roman
- Thomas Mann: *Lotte in Weimar* (Verfilmung ebenfalls von Egon Günther; vgl. S. 42)
- Behandlung des *Werther*-Romans in Th. Manns *Lotte in Weimar* (vgl. auch S. 46/47)

Kurzbiografie Ulrich Plenzdorf

1934 26. Oktober: Ulrich Plenzdorf wird als Sohn einer Arbeiterfamilie in Berlin geboren. Seine Eltern sind aktive Mitglieder in der KPD und werden wiederholt von den Nationalsozialisten verfolgt und verhaftet.
1954 Studium der Philosophie am Franz-Mehring-Institut in Leipzig, das er aber nach drei Semestern wieder abbricht.
1955–1958 Bühnenarbeiter bei der DEFA.
1958/59 Soldat in der Nationalen Volksarmee.
1959–1963 Studium an der DDR-Filmhochschule in Babelsberg.
seit 1964 Engagement als Szenarist und Dramaturg bei der DEFA. Plenzdorf schreibt u.a. die Filmszenarien zu „Mir nach, Canaillen“ (1964), „Weite Straßen – stille Liebe“ (1969) und „Kennen Sie Urban?“ (1970).
1972 In Halle wird das Stück „Die neuen Leiden des jungen W.“, das zu einem sensationellen Erfolg in Ost und West wird, uraufgeführt (1976 in der Bundesrepublik verfilmt). Es wird von der Fachkritik als wirklichkeitsgetreue Beschreibung des Lebensgefühls eines Großteils der ostdeutschen Jugend eingestuft. Ein junger Lehrling versucht sich selbst zu verwirklichen und entdeckt in Goethes „Werther“ eine Parallele zu seinem eigenen Leben.
1973 Premiere seines Films „Die Legende von Paul und Paula“, der in der DDR ein großer Erfolg und 1975 auch in der Bundesrepublik ausgestrahlt wird.
1978 Auszeichnung mit dem Ingeborg-Bachmann-Preis für seinen inneren Erlebnis-Monolog „kein runter kein fern“.
1986 und 1989 Uraufführungen von Plenzdorfs Theaterstücken „Ein Tag länger als ein Leben“ und „Zeit der Wölfe“ nach Romanen von Tschingis Aitmatow.
1992 Plenzdorf löst Jurek Becker als Drehbuchautor für die ARD-Serie „Liebling Kreuzberg“ mit Manfred Krug ab.
1993/94 Im ZDF wird Plenzdorfs Fernsehspiel „Vater Mutter Mörderkind“ gezeigt, das die Geschichte des Adoptivkindes eines Terroristen, der in der DDR untertaucht und nach der Wiedervereinigung ins Gefängnis kommt, darstellt.
1994 Das Fernsehspiel „Das andere Leben des Herrn Kreins“ wird in der ARD gesendet. Es schildert die Begegnung zwischen einem Regimegegner und seinem Sicherheitsoffizier nach der „Wende“.
1997 Mitunterzeichner der „Erfurter Erklärung“, in der ein Linksbündnis von SPD und Bündnis 90/GRÜNE ohne Ausgrenzung der PDS zur Ablösung der Regierung Kohl gefordert wird. Plenzdorf schreibt das Drehbuch zu dem Film „Abgehauen“ nach der autobiographischen Schrift von Manfred Krug. Der Film wird 1998 in der ARD gesendet.
2007 9. August: Ulrich Plenzdorf stirbt in Berlin.

Heutige Rezeption: Ulrich Plenzdorf *Die neuen Leiden des jungen W.*

[…] Der Garten war dunkel wie ein Loch. Ich rannte mir fast überhaupt nicht meine olle Birne an der Pumpe und an den Bäumen da ein, bis ich das Plumpsklo fand. An sich wollte ich mich bloß verflüssigen, aber wie immer breitete sich das Gerücht davon in meinen gesamten Därmen aus. Das war ein echtes Leiden von mir. Zeitlebens konnte ich die beiden Geschichten nicht auseinanderhalten. Wenn ich mich verflüssigen mußte, mußte ich auch immer ein Ei legen, da half nichts. Und kein Papier, Leute. Ich fummelte wie ein Irrer in dem ganzen Klo rum. Und dabei kriegte ich dann dieses berühmte Buch oder Heft in die Klauen. Um irgendwas zu erkennen, war es zu dunkel. Ich opferte also zunächst die Deckel, dann die Titelseite und dann die letzten Seiten, wo erfahrungsgemäß das Nachwort steht, das sowieso kein Aas liest. Bei Licht stellte ich fest, daß ich tatsächlich völlig exakt gearbeitet hatte. Vorher legte ich aber noch eine Gedenkminute ein. Immerhin war ich soeben den letzten Rest von Mittenberg losgeworden. Nach zwei Seiten schoß ich den Vogel in die Ecke. Leute, das konnte wirklich kein Schwein lesen. Beim besten Willen nicht. Fünf Minuten später hatte ich den Vogel wieder in der Hand. Entweder ich wollte bis früh lesen oder nicht. Das war meine Art. Drei Stunden später hatte ich es hinter mir.

Ich war fast gar nicht sauer! Der Kerl in dem Buch, dieser Werther, wie er hieß, macht am Schluß Selbstmord. Gibt einfach den Löffel ab. Schießt sich ein Loch in seine olle Birne, weil er die Frau nicht kriegen kann, die er haben will, und tut sich ungeheuer leid dabei. Wenn er nicht völlig verblödet war, mußte er doch sehen, daß sie nur darauf wartete, daß er was *machte*, diese Charlotte. Ich meine, wenn ich mit einer Frau allein im Zimmer bin und wenn ich weiß, vor einer halben Stunde oder so kommt keiner da rein, Leute, dann versuch ich doch *alles*. Kann sein, ich handle mir ein paar Schellen ein, na und? Immer noch besser als eine verpaßte Gelegenheit. Außerdem gibt es höchstens in zwei von zehn Fällen Schellen. Das ist Tatsache. Und dieser Werther war … zigmal mit ihr allein. Schon in diesem Park. Und was macht er? Er sieht ruhig zu, wie sie heiratet. Und dann murkst er sich ab. Dem war nicht zu helfen.

Wirklich leid tat mir bloß die Frau. Jetzt saß sie mit ihrem Mann da, diesem Kissenpuper. Wenigstens daran hätte Werther denken müssen. Und dann: Nehmen wir mal an, an die Frau wäre wirklich kein Rankommen gewesen. Das war noch lange kein Grund, sich zu durchlöchern. Er hatte doch ein Pferd! Da wär ich doch wie nichts in die Wälder. Davon gab's doch damals noch genug. Und Kumpels hätte er eins zu tausend massenweise gefunden. Zum Beispiel Thomas Müntzer oder wen. Das war nichts Reelles. Reiner Mist. Außerdem dieser Stil. Das wimmelte nur so von Herz und Seele und Glück und Tränen. Ich kann mir nicht vorstellen, daß welche so geredet haben sollen, auch nicht vor drei Jahrhunderten. Der ganze Apparat bestand aus lauter Briefen, von diesem unmöglichen Werther an seinen Kumpel zu Hause. Das sollte wahrscheinlich ungeheuer originell wirken oder unausgedacht. Der das geschrieben hat, soll sich mal meinen Salinger durchlesen. *Das* ist echt, Leute!

Ich kann euch nur raten, ihn zu lesen, wenn ihr ihn irgendwo aufreißen könnt. Reißt euch das Ding unter den Nagel, wenn ihr es bei irgendwem stehen seht, und gebt es nicht wieder her! Leiht es euch aus und gebt es nicht wieder zurück. Ihr sagt einfach, ihr habt es verloren. Das kostet fünf Mark, na und? Laßt euch nicht etwa vom Titel täuschen. Ich gebe zu, er popt nicht besonders, vielleicht ist er schlecht übersetzt, aber egal. Oder ihr seht euch den Film an. Das heißt, ich weiß nicht genau, ob es einen Film danach gibt. Es ging mir damit wie mit Robinson. Ich sah alles ganz genau vor mir, jedes Bild. Ich weiß nicht, ob das einer kennt. Man sieht alles so genau vor sich, als wenn man es im Film gesehen hat, und dann stellt sich heraus, es gibt überhaupt keinen Film. […]

Plenzdorf, Ulrich: Die neuen Leiden des jungen W. Frankfurt 1973, S. 35–37

▶ **1** Welche Haltung nimmt die Hauptperson Edgar Wibeau gegenüber Goethes Roman ein?

▶ **2** Zeigen Sie Parallelen bzw. Unterschiede zwischen Plenzdorfs *Neuen Leiden* und Goethes Briefroman auf.

▶ **3** Informieren Sie sich über die politische und gesellschaftliche Situation in der DDR Anfang der 70er Jahre.

▶ **4** Lesen Sie Ulrich Plenzdorfs *Neue Leiden des jungen W.* und setzen Sie sich mit seiner kulturellen und gesellschaftspolitischen Bedeutung für die damalige DDR auseinander.

Untersuchung von Verfilmungen des Romans *Die Leiden des jungen Werthers*

Goethe-Institut

Die Leiden des jungen Werthers, DEFA und Fernsehen der DDR, 1976

1976 wurde Goethes *Werther* von Egon Günther mit Hans-Jürgen Wolf, Katharina Thalbach und Hilmar Baumann in den Hauptrollen in der DDR verfilmt. Günther ging in seiner Konzeption von der sozialkritischen Interpretation des *Werther* durch den ungarischen Literaturhistoriker Georg Lukács (vgl. S. 20 f.) aus.
Das Projekt könnte folgende Aspekte umfassen:

- die Untersuchung filmsprachlicher Elemente und ihrer Funktion,
- die Untersuchung des Inhalts; Aufzeigen von Parallelen bzw. Unterschieden zwischen Roman und Film,
- Untersuchung der Interpretation durch Günther: Wie und mit welchen Mitteln wird der Zuschauer beeinflusst, z. B. in seiner Einstellung Lotte und Werther einerseits und dem Adel gegenüber andererseits,
- Vergleich mit anderen Verfilmungen des *Werther:*
  Le Roman de Werther, Frankreich 1938,
  Regie: Max Ophüls
  Begegnung mit Werther, Deutschland 1938,
  Regie: K. H. Stroux
  Werthers unglückliche Liebe, Spanien 1986,
  Regie: P. Miro
  Le jeune Werther, Frankreich 1992,
  Regie: Jacques Doillon

Erstellen eines Drehbuchtextes zum *Werther*

- Eine oder mehrere Textstellen aussuchen,
- untersuchen, wie ein Drehbuchtext aufgebaut ist,
- in Gruppenarbeit den Prosatext in Regieanweisungen und Dialoge umschreiben.

Fächerübergreifendes Projekt zum Sturm und Drang

- Zusammenstellung von Material zum Sturm und Drang aus allen künstlerischen Bereichen (Musik, Literatur, Malerei);
- Zusammenstellung von Informationen über die politischen und sozialen Umstände dieser Zeit;
- Präsentationsform bestimmen: Buch/Mappe herstellen, eine Ausstellung mit Plakatwänden machen, Seiten für eine Internet-Präsentation zusammenstellen.
- Literatur: *Sturm und Drang.* Berlin: Cornelsen Verlag 2000

Werther als E-Mail-Sammlung

- Vorbild: E-Mail-Roman www.mdr.de/leipzig-liest/wir_les.html. Anstelle von Briefen gibt es hier E-Mails, die Werther schreibt.

Jules Massenets Oper *Werther* – ein fächerübergreifendes Projekt

- Untersuchen des Librettos: Gestaltung des Textes, Textkürzungen, Veränderungen gegenüber dem Romantext
- Untersuchen der musikalischen Gestaltung
- Gestaltung eines Plakates für eine Opernaufführung

Programmheft von Jules Massenets Oper Werther
Komische Oper, Berlin 1995

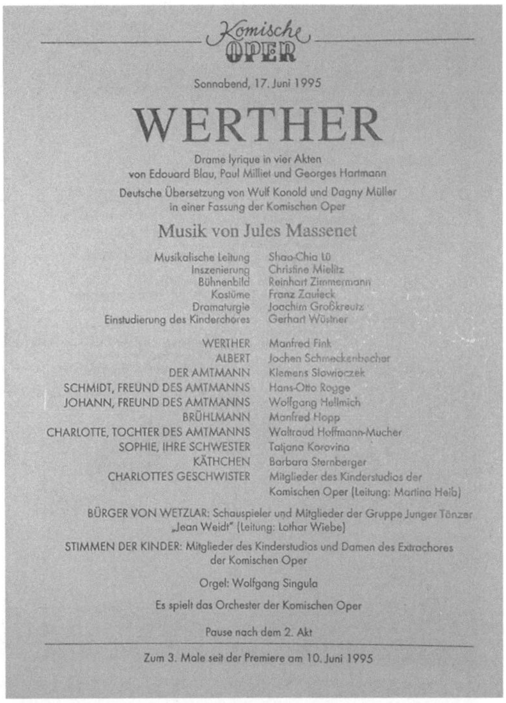

Komische Oper

Sonnabend, 17. Juni 1995

WERTHER

Drame lyrique in vier Akten
von Edouard Blau, Paul Milliet und Georges Hartmann

Deutsche Übersetzung von Wulf Konold und Dagny Müller
in einer Fassung der Komischen Oper

Musik von Jules Massenet

Musikalische Leitung	Shao-Chia Lü
Inszenierung	Christine Mielitz
Bühnenbild	Reinhart Zimmermann
Kostüme	Franz Zauleck
Dramaturgie	Joachim Großkreutz
Einstudierung des Kinderchores	Gerhart Wüstner
WERTHER	Manfred Fink
ALBERT	Jochen Schmeckenbecher
DER AMTMANN	Klemens Slowioczek
SCHMIDT, FREUND DES AMTMANNS	Hans-Otto Rogge
JOHANN, FREUND DES AMTMANNS	Wolfgang Hellmich
BRÜHLMANN	Manfred Hopp
CHARLOTTE, TOCHTER DES AMTMANNS	Waltraud Hoffmann-Mucher
SOPHIE, IHRE SCHWESTER	Tatjana Korovina
KÄTHCHEN	Barbara Sternberger
CHARLOTTES GESCHWISTER	Mitglieder des Kinderstudios der Komischen Oper (Leitung: Martina Heib)

BÜRGER VON WETZLAR: Schauspieler und Mitglieder der Gruppe Junger Tänzer „Jean Weidt" (Leitung: Lothar Wiebe)

STIMMEN DER KINDER: Mitglieder des Kinderstudios und Damen des Extrachores der Komischen Oper

Orgel: Wolfgang Singula

Es spielt das Orchester der Komischen Oper

Pause nach dem 2. Akt

Zum 3. Male seit der Premiere am 10. Juni 1995

Klassenarbeiten

Zur 1. Unterrichtsreihe (S. 4 ff.):

Erörterung von Deutungen des *Werther*

▶ **1** Lesen Sie Goethes eigene Aussagen über die Entstehung des *Werther* (Textbuch, S. 174 ff.).
Stellen Sie die Meinung Wolfgang Kaysers (Textbuch, S. 190 f.) zu Goethes Selbstäußerungen thesenartig dar.

▶ **2** Nehmen Sie schriftlich Stellung zu den Ansichten.

Zur 2. Unterrichtsreihe (S. 12 ff.):

Interpretation des Briefes vom 21. Juni (Textbuch, S. 29 ff.)

▶ **1** Analysieren Sie den Brief vom 21. Juni nach Form und Inhalt.

▶ **2** Beschreiben Sie Werthers Naturgefühl.

▶ **3** Erläutern Sie, ausgehend von dieser Textstelle, den Zusammenhang zwischen Naturerlebnis, Werthers Stimmung und seinen Problemen.

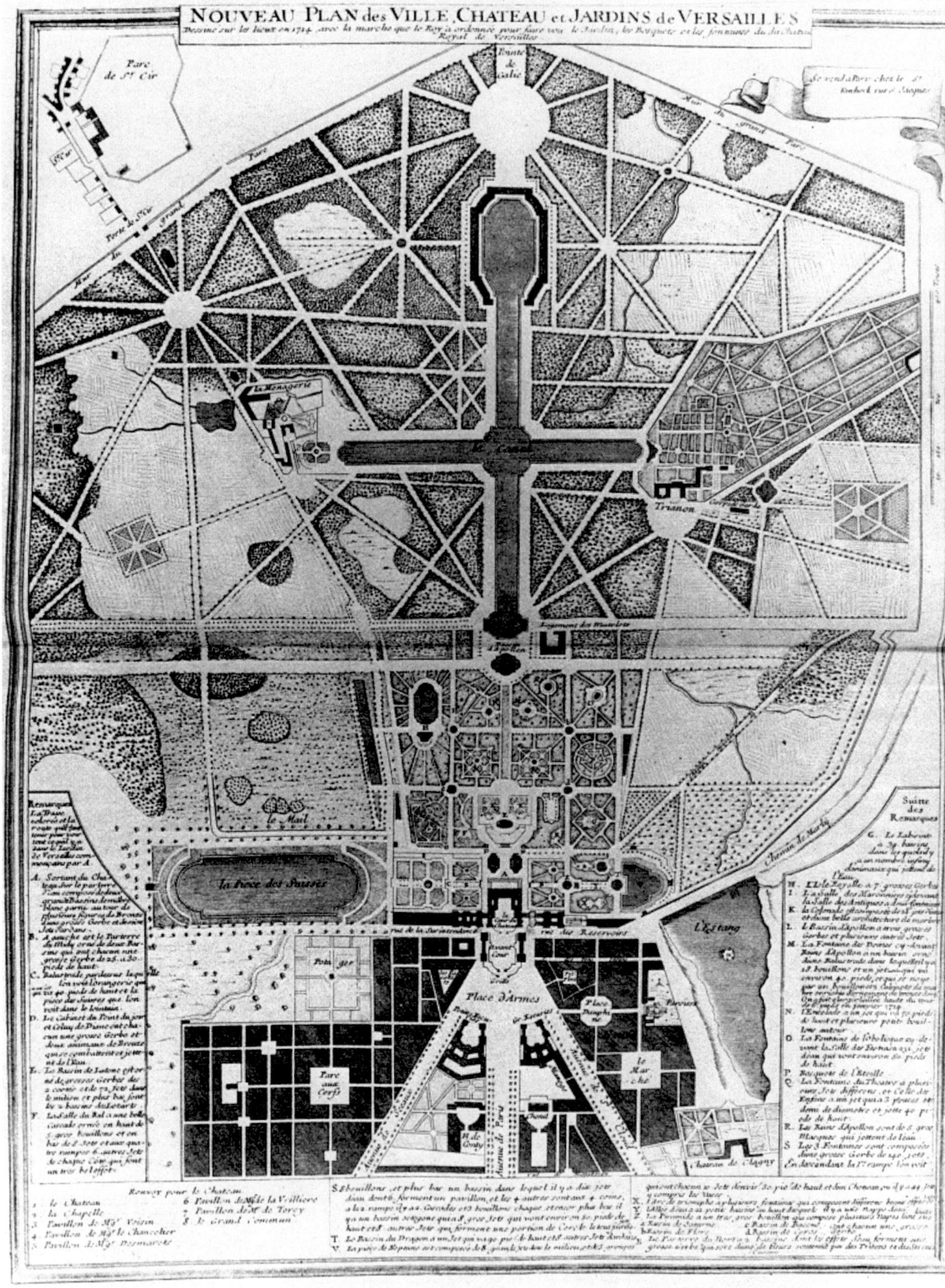

Plan der Gesamtanlage von Versailles (1714)

Dr. Adrian von Butlar, Augsburg

Weitere Meinungen zum *Werther*

Friedrich Schiller

[...] Ein Charakter, der mit glühender Empfindung ein Ideal umfaßt und die Wirklichkeit fliehet, um nach einem wesenlosen Unendlichen zu ringen, der, was er in sich selbst unaufhörlich zerstört, unaufhörlich außer sich suchet, dem nur seine Träume das Reelle, seine Erfahrungen ewig nur Schranken sind, der endlich in seinem eigenen Dasein nur eine Schranke sieht und auch diese, die billig ist, noch einreißt, um zu der wahren Realität durchzudringen – dieses gefährliche Extrem des sentimentalischen Charakters ist der Stoff eines Dichters geworden, in welchem die Natur getreuer und reiner als in irgendeinem ändern wirkt, und der sich unter modernen Dichtern vielleicht am wenigsten von der sinnlichen Wahrheit der Dinge entfernt. – Es ist interessant zu sehen, mit welchem glücklichen Instinkt alles, was dem sentimentalischen Charakter Nahrung gibt, im *Werther* zusammengedrängt ist: schwärmerische unglückliche Liebe, Empfindsamkeit für Natur, Religionsgefühle, philosophischer Kontemplationsgeist, endlich, um nichts zu vergessen, die düstre, gestaltlose, schwermütige Ossianische Welt. Rechnet man dazu, wie wenig empfehlend, ja wie feindlich die Wirklichkeit dagegen gestellt ist und wie von außen her alles sich vereinigt, den Gequälten in seine Idealwelt zurückzudrängen, so sieht man keine Möglichkeit, wie ein solcher Charakter aus einem solchen Kreise sich hätte retten können. [...]

Schiller, Friedrich: Über naive und sentimentalische Dichtung. In: Johann Wolfgang Goethe. Werke. Kommentare und Register. Hamburger Ausgabe. Bd 6. München 1977, S. 531 f.

Gespräch zwischen Goethe und Napoleon in Erfurt (2. Oktober 1808)

Auch für Napoleon ist Goethe der Dichter des *Werther*, und er bringt das Gespräch auf dieses Werk. Über dieses Gespräch hat Goethe 1824 einen Bericht geschrieben. Er hat außerdem dem Kanzler v. Müller über das Gespräch erzählt, und dieser hat in seinen „Erinnerungen" mitgeteilt, was ihm in der Erinnerung geblieben war. Goethes Bericht:
[...] Er wandte sodann das Gespräch auf den *Werther*, den er durch und durch mochte studiert haben. Nach verschiedenen ganz richtigen Bemerkungen bezeichnete er eine gewisse Stelle und sagte: Warum habt Ihr das getan? Es ist nicht naturgemäß – welches er weitläufig und vollkommen richtig auseinandersetzte. Ich hörte ihm mit heiterem Gesichte zu und antwortete mit einem vergnügten Lächeln, daß ich zwar nicht wisse, ob mir irgend jemand denselben Vorwurf gemacht habe, aber ich finde ihn ganz richtig und gestehe, daß an dieser Stelle etwas Unwahres nachzuweisen sei. Allein, setzte ich hinzu, es wäre dem Dichter vielleicht zu verzeihen, wenn er sich eines nicht leicht zu entdeckenden Kunstgriffs bediene, um gewisse Wirkungen hervorzubringen, die er auf einem einfachen natürlichen Wege nicht hätte erreichen können. Der Kaiser schien damit zufrieden. [...]

Gespräch mit Napoleon. In: Johann Wolfgang Goethe. Werke. Kommentare und Register. Hamburger Ausgabe. Bd 6. München 1977, S. 532

Thomas Mann: Lotte in Weimar

[…] Kinder sind hart und unduldsam, dachte Charlotte, gegen das Eigenleben der Mutter: aus einer egoistisch verbietenden Pietät, die fähig ist aus Liebe Lieblosigkeit zu machen, und die nicht löblicher wird, wenn einfach weiblicher Neid sich darein mischt – Neid auf ein mütterliches Herzensabenteuer, der sich als spöttischer Widerwille gegen die weitläufigen Ruhmesfolgen des Abenteuers verkleidet. Nein, das gestrenge Lottchen hatte so furchtbar Schönes und schuldhaft Todsüßes nie erfahren wie ihre Mutter an dem Abend, als der Mann in Geschäften verritten gewesen und Jener gekommen war, obgleich er vor Weihnachtsabend nicht mehr hatte kommen sollen; als sie vergeblich zu Freundinnen geschickt und allein mit ihm hatte bleiben müssen, der ihr aus dem Ossian vorgelesen hatte und beim Schmerze der Helden überwältigt worden war von seinem eigenen allerdüstersten Jammer; als der liebe Verzweifelte zu ihren Füßen hingesunken war und ihre Hände an seine Augen, seine arme Stirn gedrückt hatte, da denn sie sich von innigstem Mitleid hatte bewegen lassen, auch seine Hände zu drücken, unversehens ihre glühenden Wangen sich berührt hatten und die Welt ihnen hatte vergehen wollen unter den wütenden Küssen, mit denen sein Mund auf einmal ihre stammelnd widerstrebenden Lippen verbrannt hatte …
Da fiel ihr ein, dass sie es auch nicht erfahren hatte. Es war die große Wirklichkeit und unterm Tüchlein brachte sie sie mit der kleinen durcheinander, in der es so stürmisch nicht zugegangen war. Der tolle Junge hatte ihr eben nur einen Kuss geraubt – oder, wenn dieser Ausdruck zu ihrer beider Stimmung von damals nicht passen wollte: er hatte sie von Herzen geküsst, halb Wirbelwind, halb Melancholicus, beim Himbeersammeln, in der Sonne, – sie geküsst rasch und innig, begeistert und zärtlich begierig, und sie hatt' es geschehen lassen. Dann aber hatte sie sich hienieden geradeso vortrefflich benommen wie droben im Schönen, – ja, eben darum durfte sie dort für immer eine so schmerzlich edle Figur machen, weil sie sich hier zu verhalten gewusst hatte, wie auch die pietätvollste Tochter es nur verlangen konnte. Denn es war in aller Herzlichkeit ein wirrer und sinnloser, ein unerlaubter, unzuverlässiger und wie aus einer anderen Welt kommender Kuss gewesen, ein Prinzen-und Vagabundenkuss, für den sie zu schlecht und zu gut war; und hatte der arme Prinz aus Vagabundenland auch Tränen danach in den Augen gehabt und sie ebenfalls, so hatte sie doch in ehrlich untadligem Unwillen zu ihm gesagt: „Pfui, schäm' Er sich ! Dass Er sich so etwas nicht noch einmal beikommen lässt, sonst sind wir geschiedene Leute! Dies bleibt nicht zwischen uns, dass Er's weiß. Noch heute sag' ich es Kestnern." Und wie er auch gebeten hatte, es nicht anzusagen, so hatte sie es doch an dem Tage noch ihrem Guten redlich gemeldet, weil er's wissen musste: nicht sowohl, dass jener es getan, als dass sie es hatte geschehen lassen; worauf sich denn Albert doch recht peinlich berührt gezeigt hatte und sie im Laufe des Gesprächs, auf Grund ihrer vernünftig-unverbrüchlichen Zusammengehörigkeit, zu dem Beschlüsse gelangt waren, den lieben Dritten nun denn doch etwas kürzer zu halten und ihm die wahre Sachlage entschieden bemerklich zu machen.
Unter ihren Lidern sah sie noch heute, nach so viel Jahren, mit erstaunlicher Deutlichkeit die Miene vor sich, die er bei dem überaus trockenen Empfang gemacht, den ihm die Brautleute am Tage nach dem Kuss und namentlich am übernächsten Tage bereitet, als er abends um zehne, da sie miteinander vorm Hause saßen, mit Blumen gekommen war, die so unachtsam waren aufgenommen worden, dass er sie weggeworfen und sonderbaren Unsinn peroriert, in Tropen geredet hatte. Er konnte ein merkwürdig langes Gesicht haben damals unter seinem gepuderten, über den Ohren gerollten Haar: mit großer, betrübter Nase, dem schmalen Schatten des Schnurrbärtchens über einem Frauenmündchen und schwachem Kinn, auch traurig bittenden braunen Augen dazu, klein wirkend gegen die Nase, aber mit auffallend hübschen seidig-schwarzen Brauen darüber.

So hatte er dreingeschaut den dritten Tag nach dem Kuss, als sie, dem Ratschluss gemäß, ihm in dürren Worten erklärt hatte, damit er sich danach richte: dass er nie etwas andres werde zu hoffen haben von ihr als gute Freundschaft. Hatte er denn das nicht gewusst, – da ihm bei dem klaren Entscheid geradezu die Wangen eingefallen waren und er so blass geworden war, dass Augen und Seidenbräuen sich in sehr dunklem Kontrast aus dieser Blässe hervorgetan hatten? Die Reisende verbiss ein gerührtes Lächeln unter ihrem Tuch, indem sie sich dieser unvernünftig enttäuschten Kummermiene erinnerte, von welcher sie Kestnern nachher eine Beschreibung gemacht, die nicht wenig zu dem Entschluss beigetragen hatte, dem lieben, närrischen Menschen zum Doppelgeburtstag, seinem und Kestners, den verewigten achtundzwanzigsten August, zusammen mit dem Taschen-Homer die Schleife zu senden, eine Schleife vom Kleide, damit er auch etwas habe . . .

Charlotte errötete unter dem Tüchlein und der Schlag ihres dreiundsechzigjährigen Schulmädelherzens verstärkte, beschleunigte sich wieder. Dies wusste Lottchen, die Jüngere, noch nicht, dass ihre Mutter in der Sinnigkeit so weit gegangen war, an der Brust des vorbereiteten Kleides, der Nachahmung des Lottekleides, die fehlende Schleife auszusparen. Sie fehlte, ihr Platz war leer, denn Jener besaß sie, der Entbehrende, dem sie sie im Einvernehmen mit ihrem Verlobten zum Trost hatte zukommen lassen und der das gutmütig gespendete Andenken mit tausend ekstatischen Küssen bedeckt hatte ...

Die Pflegerin Bruder Carls mochte nur kritisch die Mundwinkel senken, wenn sie diese Einzelheit der mütterlichen Erfindung entdeckte! Zu ihres Vaters Ehren war sie erdacht worden, des Guten, Getreuen, der einst das Geschenk nicht nur gebilligt, sondern es selber angeregt und trotz allem, was auch er um des ungebärdigen Prinzen willen gelitten, mit seinem Lottchen geweint hatte, als Er auf und davon war, der ihm beinahe sein Liebstes geraubt.

„Er ist fort“, hatten sie zueinander gesagt, als sie die Zettel gelesen, gekritzelt nachts und am Morgen: – „Ich lasse Euch glücklich und gehe nicht aus Euern Herzen... Adieu, tausendmal adieu!“ – „Er ist fort“, sagten sie abwechselnd und alle Kinder im Haus gingen wie suchend umher und wiederholten betrübt: „Er ist fort!“ Die Tränen waren Lotten gekommen beim Lesen der Zettel und sie hatte ruhig weinen dürfen und nichts zu verbergen brauchen vor ihrem Guten; denn auch ihm waren die Augen feucht gewesen, und nur von dem Freunde hatte er sprechen mögen den ganzen Tag: was für ein merkwürdiger Mensch er sei, barock wohl zuweilen von Wesen, in manchen Stücken nicht angenehm, aber so voller Genie und eigentümlich ergreifender Besonderheit, welche zum Mitleid bewege, zur Sorge und herzlich geneigten Verwunderung.

So der Gute. Und wie dankbar hatte sie sich zu ihm gezogen gefühlt, fester als je an seine Seite, weil er so sprach und es völlig natürlich fand, dass sie weinte um den, der fort war! Wie sie da lag mit geschützten Augen, erneuerte sich in dem unruhigen Herzen der Reisenden diese Dankbarkeit in voller Wärme; ihr Körper bewegte sich, als schmiege sie sich an eine verlässliche Brust und ihre Lippen wiederholten die Worte, die sie damals gesprochen: Es sei ihr lieb, murmelte sie, dass er fort sei, der von außen gekommene Dritte, da sie ihm, was er von ihr gewünscht, doch nicht hätte geben können. Das hörte er gern, ihr Albert, der den Vorrang und höheren natürlichen Glanz des Entschwundenen so stark empfunden hatte wie sie, stark bis zum Irrewerden an ihrer beider vernünftig-zielklaren Glücke, und ihr eines Tages in einem Briefchen das gegebene Wort hatte zurückgeben wollen, dass sie frei wähle zwischen dem Glänzenderen und ihm. […]

Mann, Thomas: Lotte in Weimar. Berlin 1963, S. 25–28

KOPIERVORLAGE 23

Quellenverzeichnis

S. 5 Albert, Charlotte und Werther. Kupferstich von C. Knight (1784). Goethe-Museum, Düsseldorf

S. 9 Lotte. Titelkupfer von D. Berger nach Daniel Nikolaus Chodowiecki (1775). Goethe-Museum, Düsseldorf

S. 11 Charlotte Kestner. Pastell von Johann Heinrich Schröder (1782). Freies Deutsches Hochstift, Frankfurt
Johann Georg Kestner. Pastell von Johann Heinrich Schröder (1872). Goethe-Museum, Düsseldorf
Maximiliane LaRoche. Kreidezeichnung, Daniel Nikolaus Chodowiecki zugeschrieben (1773). Goethe-Museum, Düsseldorf
Carl Wilhelm Jerusalem. Pastell von unbekanntem Künstler (um 1770). Städtische Sammlung, Wetzlar

S. 13 Der Landsitz Wanstead/Essex aus der Vogelperspektive 1707). In: Funkkolleg Kunst. Studienbegleitbrief 7. Weinheim: Beltz Verlag 1995, S. 40
Der englische Garten in München. Plan mit Randveduten von I.B. von Sell (um 1840). In: Funkkolleg Kunst. Studienbegleitbrief 7. Weinheim: Beltz Verlag 1995, S. 49

S. 17 Garbenheim bei Wetzlar, Goethes "Wahlheim". Nach einer Zeichnung von Carl Stuhl. In: Rothmann, Kurt (Hrsg.): J.W.v.Goethe. Die Leiden des jungen Werthers. Erläuterungen und Dokumente. Stuttgart: Reclam Verlag 2000, S. 16

S. 21 Lukács, Georg: Goethe und seine Zeit. In: Lukács, Georg: Deutsche Literatur in zwei Jahrhunderten. Neuwied und Berlin: Luchterhand Verlag 1964, S. 57 ff.

S. 25 Illustration: Volkmar Döring

S. 31 Illustration: Volkmar Döring

S. 35 Homer. Corbis Images
Die Lieder des Ossian. Ölgemälde von Jean Auguste Dominique Ingres (1813). Musée Ingres, Montauban
Dietenberg-Bibel (1604). Christian Stanek, Wien
Titelseite der Erstausgabe von Emilia Galotti (1772). Archiv für Kunst und Geschichte, Berlin

S. 37 Johann Melchior Goeze in: Freiwillige Beiträge zu den Hamburgischen Nachrichten aus dem Reiche der Gelehrsamkeit (4. April 1775). In: Johann Wolfgang Goethe. Werke. Kommentare und Register. Hamburger Ausgabe in vierzehn Bänden. Band 6. München: C.H. Beck Verlag 1977, S. 526 f.
Anonyme Rezension in: Auserlesene Bibliothek der neuesten deutschen Literatur. Lemgo, 1775. In: Johann Wolfgang Goethe. Werke. Kommentare und Register. Hamburger Ausgabe in vierzehn Bänden. Band 6. München: C.H. Beck Verlag 1977, S. 527 f.

S. 39 Werther am Schreibpult, die Pistolen in der Hand. Aquarell eines unbekannten Zeitgenossen. Goethe-Museum, Düsseldorf
Nicolai, Christoph Friedrich: Freuden des jungen Werthers (1775). Projekt Gutenberg-DE

S. 41 Plenzdorf, Ulrich: Die neuen Leiden des jungen W. Frankfurt am Main: Suhrkamp Verlag 1973, S. 35 ff.

S. 42 Filmbild Die Leiden des jungen W., 1976. Goethe-Institut, Montreal

S. 43 Programmheft von Jules Massenets Oper *Werther*. Komische Oper, Berlin 1995

S. 44 Versailles. Plan der Gesamtanlage von Versailles (1714). Dr. Adrian von Butlar, Augsburg

S. 45 Schiller, Friedrich: Über naive und sentimentalische Dichtung. In: Johann Wolfgang Goethe. Werke. Kommentare und Register. Hamburger Ausgabe in vierzehn Bänden. Band 6. München: C.H. Beck Verlag 1977, S. 531 f.
Gespräch mit Napoleon. In: Johann Wolfgang Goethe. Werke. Kommentare und Register. Hamburger Ausgabe in vierzehn Bänden. Band 6. München: C.H. Beck Verlag 1977, S. 532

S. 46/47 Mann, Thomas: Lotte in Weimar. Frankfurt am Main: S. Fischer Verlag. Hier zitiert nach: Mann, Thomas: Lotte in Weimar. Berlin: Deutsche Buchgemeinschaft 1963, S. 25 ff.